WILLIANS GABRIEL SCARPIN

RESTAURANTE BAR: A PROPOSTA DE UM RESTAURANTE PARA A CIDADE DE SANTA CRUZ DO RIO PARDO

Trabalho Final de Graduação apresentado ao centro de Ciências Exatas e Sociais Aplicadas da Universidade do Sagrado Coração, como parte dos requisitos para a obtenção do título de bacharel em Arquitetura e Urbanismo, sob orientação da Prof. M.e Roberval Padovan.

BAURU
2018

Dados Internacionais de Catalogação na Publicação (CIP) de acordo com
ISBD

S286r	Scarpin, Willians Gabriel Restaurante bar: a proposta de um restaurante para a cidade de Santa Cruz do Rio Pardo / Willians Gabriel Scarpin. -- 2018. 132f. : il. Orientador: Prof. M.e Roberval Padovan. Trabalho Final de Graduação (Graduação em Arquitetura e Urbanismo) - Universidade do Sagrado Coração - Bauru - SP 1. Restaurante Bar. 2. Arquitetura. 3. Alimentação. 4. Empreendedorismo. 5. Importância da eficácia. I. Padovan, Roberval. II. Título.

Elaborado por Laudeceia Almeida de Melo Machado – CRB-8/8214

AGRADECIMENTOS

Uma grande fase da minha vida está chegando ao fim, após 5 anos de aprendizado que carregarei com toda a certeza para a vida toda, me sinto orgulhoso e feliz comigo mesmo.

Deus me ajudou muito nessa jornada, me deu forças para sempre continuar, e junto com minha dedicação, ganhamos das dificuldades impostas da vida, que hoje no fim da trilha, me mostra que tudo valeu a pena.

Sou muito grato aos esforços da minha família em me proporcionar um estudo de qualidade, em especial aos meus pais Carlos Roberto Scarpin e Edis Bete Rosa Scarpin e aos meus avós Ciro Scarpin e Adelaide Buzolin Scarpin, que me deram muito incentivo e apoio nessa jornada.

Gostaria de agradecer também aos meus amigos e a minha namorada, que me ajudaram com conselhos e momentos inesquecíveis que me impulsionou a chegar nesse momento final de agora.

E por último, também agradeço a todos os professores, coordenadores e ao meu orientador Roberval, por todo conhecimento a mim passado.

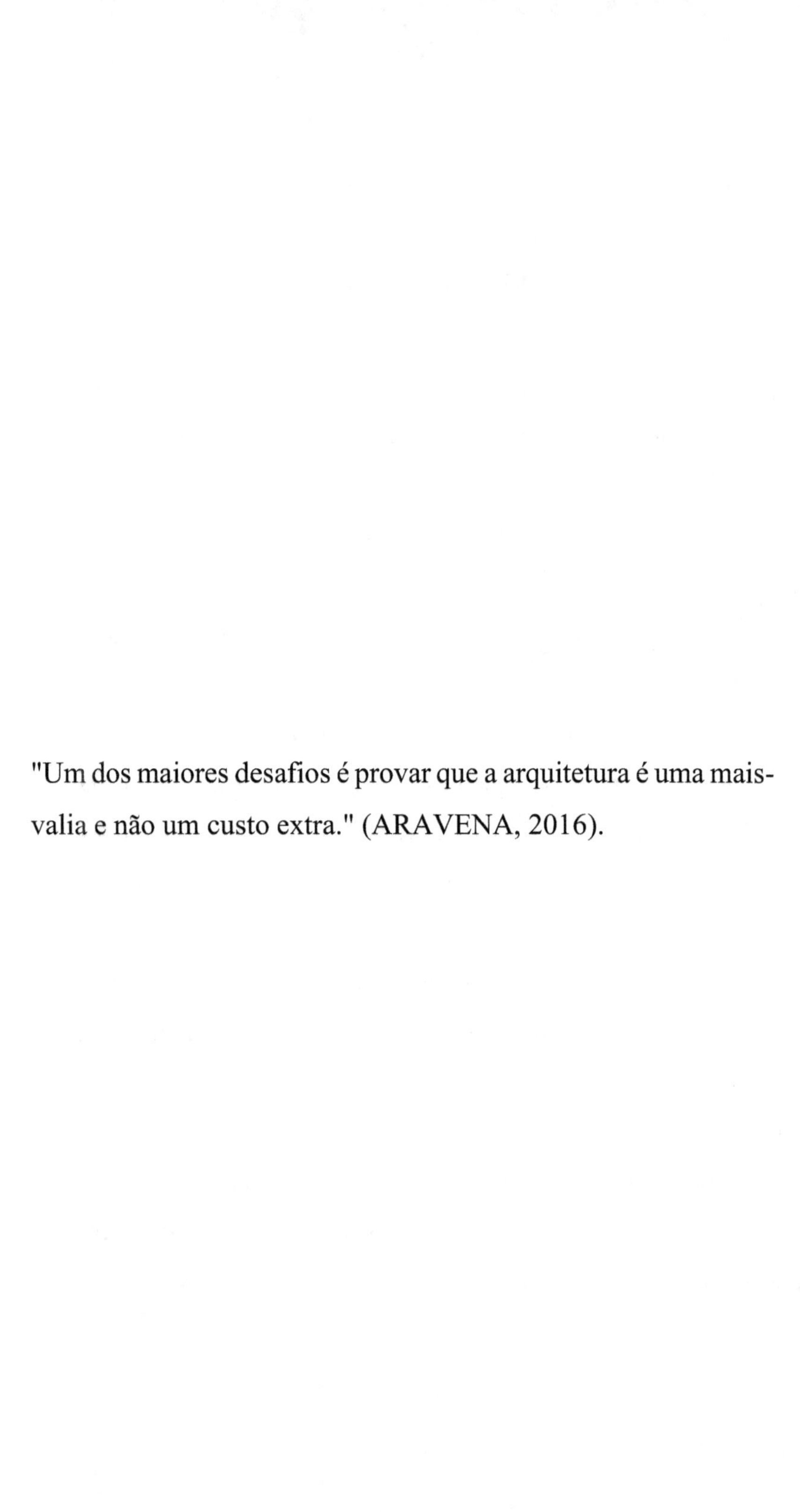

"Um dos maiores desafios é provar que a arquitetura é uma mais-valia e não um custo extra." (ARAVENA, 2016).

RESUMO

O restaurante surgiu da necessidade básica de "saciar a fome", mas com o passar dos séculos, foi sofrendo modificações, e hoje se transformou em uma importante forma de lazer para sociedade. Uma vez que através da união com a arquitetura, possibilitou a criação de vários ambientes de diferentes modalidades com diferentes tecnologias e estudos, tudo para beneficiar tanto a qualidade do atendimento ao cliente quanto à eficácia do funcionamento do estabelecimento. Porém, muitos empreendedores ainda não realizam ou acham desnecessário um projeto arquitetônico antes de abrir o seu restaurante, e muitas vezes acabam desperdiçando a chance da criação de um ambiente de qualidade para seus clientes e funcionários. Dessa forma, o presente trabalho utilizou-se de referências bibliográficas, analisando as fontes literárias para o estudo afundo sobre esse tema, afim de criar um restaurante estruturado e de acordo com a sociedade atual, e para melhor compreendimento, relataram-se obras correlatas e uma visita "in loco" em um edifício comercial relacionado com o assunto. E por fim, elaborou-se um projeto arquitetônico, com a proposta do tema abordado, e uma análise da área em que este será inserido.

Palavras-chave: Restaurante Bar. Arquitetura. Alimentação. Empreendedorismo. Importância da Eficácia.

LISTA DE ILUSTRAÇÕES

SUMÁRIO

1 INTRODUÇÃO

Segundo Aravena (2016) a arquitetura vem contribuindo para melhorar a qualidade do ambiente construído, corrigir as desigualdades e melhorar a qualidade de vida das pessoas. Mas para isso necessita sempre entender que o projeto vem do coletivo, e que precisa ter alguém que está precisando de algo e desejando algo antes de efetuar a criação de um Projeto.

Definição de Arquitetura:

> Arquitetura é idealizar a obra visando a resolver, com intenção plástica, o problema proposto, de acordo com a época, os materiais e as possibilidades técnicas: analisando e considerando os fatores externos que nela influem; respeitando imposições e hábitos do meio: detalhando e articulando todos os elementos componentes e buscando sempre a verdade, quanto à finalidade e função, tanto na forma como no uso dos materiais. (MOREIRA citado por COIN, 2013).

Portanto, através do planejamento e a técnica que a arquitetura disponibiliza, com utilização de materiais corretos em cada processo e resolvendo antecipada os possíveis problemas vindos da realização de um projeto, pode-se criar uma proposta eficaz para a sociedade.

E um projeto arquitetônico comercial, é muito importante para trazer o público alvo desejado para o estabelecimento e lhes garantir um momento agradável e de lazer, e ao mesmo tempo fazer com que o cliente frequente o estabelecimento mais vezes.

Assim a criação de um Restaurante, envolve diretamente o entretenimento social da população, onde diversos fatores como qualidade, eficiência, estética, inovação, tem grande importância para o conforto do cliente final e consequentemente ao sucesso do empreendimento.

O termo Restaurante:

> Vem do francês "bouillon restaurant", que em português significa caldo restaurador. Este alimento era servido em um determinado estabelecimento na França, no século XVIII. O caldo saciava a fome e tinha fortes características nutricionais. Com o passar do tempo, no século XIX, os

> restauradores (proprietários dos restaurantes) passaram a ofertar os mais variados pratos, além do caldo restaurador. Aliou-se a essa nova oferta a criação dos cardápios com preços fixos e horários de funcionamento. Então, o novo tipo de empreendimento, o restaurante, passou a se espalhar por outros países da Europa. (CALUMBY, 2014, p. 6).

A Definição de Restaurante:

> Pode ser definido basicamente como um estabelecimento onde se servem refeições avulsas a pessoas, denominadas clientes, mediante pagamento. Para isso, o local pode variar de tamanho, decoração, tipo de alimento a ser servido, dentre outros fatores. São estes fatores que determinam a tipologia do empreendimento. (CALUMBY, 2014, p. 12).

Segundo IBGE (2004 citado por SILVA (2008), Restaurante e Similares é definido na classe 5611-2/01 dos dados do IBGE como "as atividades de vender e servir comida preparada, com ou sem bebidas alcoólicas, com ou sem entretenimento, ao público em geral, com serviço completo", ou seja, serviço efetuado por atendentes na mesa do cliente."

De acordo com as definições e tema sobre o estabelecimento "Restaurante", fica evidente que o objetivo básico é de saciar a fome e satisfazer os clientes, que pagaram pela atividade prestada. E essa atividade vem crescendo até hoje.

Segundo Dino (2017) sobre a alimentação:

> O hábito de alimentar-se fora do lar tem sido cada vez mais incorporado ao dia a dia dos brasileiros, comum nas grandes cidades, a variedade de refeições, lanches, petiscos e culinárias agradam todos os tipos de paladares, inclusive dos empreendedores que atuam nessa área e visualizam variadas oportunidades para expandir os negócios nesse segmento.
> O brasileiro gasta cerca de 25% de sua renda com alimentação fora do lar. A Associação de Bares e Restaurantes (ABRASEL) estima que o setor represente, hoje, 2,7% do PIB brasileiro. Já a Associação Brasileira das Indústrias da Alimentação (ABIA) destaca que o setor tem crescido a uma média anual de 14,2%. (IBGE citado por DINO, 2017).

"A habilidade do ambiente físico em influenciar comportamentos e criar uma imagem positiva[...] Diante disso é possível afirmar que um ambiente projetado de maneira correta pode colaborar com o sucesso de um negócio, bem como um ambiente mal planejado pode levá-lo ao fracasso." (BITNER, 1992 citado por SANTOS, 2014).

Evidentemente a atua demanda de lazer está aumentando, percebe-se oportunidade e necessidade de usar a arquitetura para trazer maior comodidade a população, e consequentemente vantagens econômicas ao estabelecimento projetado.

Número de empresas que fracassam depois de abrir seu Restaurante:

> Das 694,5 mil empresas abertas em 2009, apenas 275 mil (39,6%) ainda estavam em funcionamento em 2014. Após o primeiro ano de funcionamento, mais de 157 mil (22,7%) fecharam as portas..." e O estudo não investiga os motivos para o fechamento, diz a analista do IBGE Katia Medeiros Carvalho. (IBGE, 2014 citado por UOL, 2016)

Um dos motivos de fracasso:

> Falta de Planejamento Prévio: abre-se a empresa sem um planejamento prévio, sem calcular nos riscos e criar possibilidades,

> antes mesmo da empresa constituir. Assim, quando a empresa se depara com um problema, são tomadas decisões com pouco pensar e sem o tempo necessário para a tomada de decisão. (Sebrae/SP citado por NEGRÃO, 2014)

A importância da inovação tecnológica:

> Nesse ambiente altamente fragmentado e competitivo, sobrevivem apenas os mais aptos. No caso, aqueles que tem visão estratégica e inovação. E cada vez mais a inovação vem se tornando algo imprescindível para o sucesso das empresas. (GHOBRIL; BENEDETTI; FRAGOSO, 2014, p. 2)

De acordo com Simantob e Lippi (2003 citado por GHOBRIL; BENEDETTI; FRAGOSO (2014) "é preciso inovar constantemente e mais que os concorrentes, se quiser manter-se competitivo."

Conforme os problemas apresentados, esse trabalho trará as soluções através da criação de um anteprojeto de um restaurante. Para isso será utilizado uma metodologia baseando-se em referências literárias que contribuirão com embasamento teórico para abordagem dos temas: História dos Restaurantes,

Restaurantes no Contemporâneo, Modelos de restaurantes, Analises dos ambientes de um Restaurantes, e o estudo necessários para realizar um projeto arquitetônico comercial eficaz de um restaurante. Além disso, serão selecionadas obras correlatas para exploração da temática e realizado uma visita técnica a um restaurante para uma observação mais a fundo da edificação comercial. A última etapa utilizará de métodos de análise para a compreensão da área de implantação do edifício comercial e será desenvolvido o projeto arquitetônico em nível de macrozoneamento.

1.1   JUSTIFICATIVA

Esse trabalho oferece a oportunidade de criação de um anteprojeto de um restaurante para a área comercial da cidade de Santa Cruz do Rio Pardo, que é carente de restaurantes com projetos arquitetônicos bem solucionados, e sendo que bastante dos criados, tornam-se improdutivos rapidamente, dessa forma, traz problemas para a cidade, como: locais desocupados, desestabilidade da economia, estética precária e etc.

Portanto, esse trabalho estuda o conteúdo de um restaurante, compreende os ambientes e o aprimoramento dos mesmos através da análise da qualidade e eficiência: acústica, energética, do clima, da ergometria, da sustentabilidade, da estética, do estudo do local e viabilidade, da necessidade de uso, da filosofia no ambiente, da eficiência na produtividade de processos, da análise do perfil consumidor final-alvo, da higiene no trabalho, e da inovação e tecnologia. Pois um projeto bem feito traz resultados positivos para o empreendedor e para a comunidade da cidade.

Justificando que essa pesquisa é uma amostra de estudos e utilização da eficiência das grandes franquias mundiais, como a do Mcdonalds, que é relatado no trabalho, e destacado sua boa funcionalidade, agilidade e tecnologia. E também envolve o estudo de restaurantes pequenos e relevantes, como o Restaurante Nau e Noah, que serão abordados durante o trabalho.

1.2 OBJETIVOS

Nessa parte serão apresentados o objetivo geral e o objetivo especifico do trabalho final de graduação (TFG)

1.2.1 Objetivo Geral

Um projeto de um Restaurante Bar, que será implantado na cidade de Santa Cruz do Rio Pardo/SP, destinado aos diversos clientes que buscam através do restaurante, uma forma de lazer no seu dia a dia. Tendo em vista oferecer um entretenimento de alta qualidade, igual ou superior aos concorrentes, com a perspectiva de criar algo diferenciado para a cidade.

1.2.2 Objetivo Especifico

a) mostrar a relevância de um bom Projeto Arquitetural Comercial, tanto para o empreendedor quanto para a sociedade;

b) estudar métodos para conseguir a melhor eficácia possível e dispor consequentemente do sucesso dessa ação na área comercial;

c) propor lazer de qualidade à população de Santa Cruz do Rio Pardo, através do estudo e projeto de um Restaurante;

d) apresentar uma nova tecnologia e layout de projeto eficaz, transformar-se em um ponto referencial da cidade;

e) analisar o papel do lazer na melhoria da qualidade de vida da população;

f) analisar o terreno a ser implantado o Restaurante Bar, bem como seu entorno, acessos, topografia, ventos, luz solar, localização;

g) elaborar um referencial teórico por meio das obras correlatas e visita técnica.

1.2.3 Métodos de pesquisa

Para isso, o trabalho foi dividido em partes, na primeira ocorreu a pesquisa bibliográfica com o objetivo de obter informações sobre o assunto, sendo pesquisas sobre o surgimento dos restaurantes, dos seus modelos, dos tipos de ambientes que existem e das diretrizes projetuais do mesmo, desenvolvida por meio de livros, filmes, artigos, sites e revistas especializadas, qual muito abordado, o autor Percival Maricato do livro "Como montar e administrar bares e restaurantes (2010)" e o autor Silva Filho do livro "Manual básico para planejamento e projeto de restaurantes e cozinhas industriais (1996)".

Na segunda parte investigou-se as obras correlatas: Restaurante Nau e Noah de Brasília, e o Restaurante Fast Food McDonald's Coolsingel.

Na terceira parte do trabalho realizou-se uma visita técnica no The One Sports Bar & Grill da cidade de Bauru (SP), com o objetivo de realizar uma observação direta sobre as condições do espaço físico, dimensionamentos e equipamentos, possibilitando identificar quais seriam as dimensões necessárias, e os ambientes para um projeto arquitetônico de um Restaurante Bar.

Na quarta parte, executou-se uma pesquisa em campo, sendo a análise do terreno e do entorno próximo ao local do projeto do restaurante na cidade de Santa Cruz do Rio Pardo. Com o objetivo de aprofundar a observação do local e averiguar informações, realizou-se uma visita de reconhecimento da área, colhendo uma avaliação sobre as infraestruturas presentes, registros fotográficos, topografia, vegetações e fluxos.

Por fim, elaborou-se um projeto arquitetônico com a proposta de um Restaurante Bar, levando em consideração os dados adquiridos ao longo deste trabalho e toda a análise realizada. Executou-se um anteprojeto do edifício, setorizando as funções destinadas a cada ambiente proposto e exibindo a implantação no terreno; um programa de necessidade exibindo a área em m² de cada espaço e suas quantidades, 4 cortes com a esquematização do edifício no terreno, 4 elevações com o esquema externo do edifício, 5 detalhamentos específicos sobre objetos construtivos do edifício e muitas ilustrações 3D de como ficaria o ambiente externo e interno depois de feito o projeto.

2   REVISÃO BIBLIOGRÁFICA

Nessa parte será apresentado o embasamento teórico, que envolverá a pesquisa documental indireta de fontes secundárias, qual abrangem levantamento de bibliografias já publicadas em forma de livros, revistas, artigos da internet, monografias, teses materiais de jornais, publicações avulsas, imprensa crítica e outras. De modo que esses assuntos estudados serão de demasiada importância para a criação do Anteprojeto do Restaurante Bar.

2.1   HISTÓRIA DOS RESTAURANTES

Nessa subdivisão serão apresentados um pouco sobre a história dos restaurantes, que a baixo está dividido em dois tópicos: A história dos restaurantes no mundo e a história do surgimento dos restaurantes no Brasil.

2.1.1   História dos restaurantes no mundo

Sobre a história do início dos restaurantes e bares, Maricato (2010) Relata que a troca simples de produtos entre povos já tem mais de 10 mil anos, e que 3000 anos a.C, os sumérios e os egípcios já faziam e comercializavam cerveja e vinho.

> Na cidade suméria de Ur, os precursores os camelos fritavam e vendiam peixes nas ruas, e provavelmente vendiam cerveja, cuja fabricação consumia 40% da cevada cultivada na região. Com a ascensão dos babilônios e posteriormente dos assírios, esse comercio desenvolveu-se em toda Mesopotâmia. Também na América, bem antes do nascimento de Cristo, os incas, no Peru, os mais, na América Central, os olmecas, no México, fabricavam e comercializavam espécies de bebidas e outros produtos alimentícios. (Maricato, 2010, p. 23)

Segundo Maricato (2010), na época do Império Romano, nós núcleos urbanos mais desenvolvidos ou estradas que envolvia esses núcleos, ficavam os "taverneiros", qual ofereciam comes e bebes aos viajantes.

Taverneiro era trabalhador das "tavernas", que segundo Álvares de Azevedo em sua obra Noite na Taverna de 1855, demostra que o local era um lugar de encontro de vários homens que bebiam, comiam, jogavam e conversavam entre si sobre suas vidas (Figura 1).

Figura 1 - Ilustração de uma Taverna

Fonte: Dalboni (2017).

"Com o Renascimento veio a retomada do crescimento dos centros urbanos e do continente, e o florescimento do comercio. Nas grandes feiras da época sempre havia quem comercializasse comida ou vinho para os viajantes" (Maricato, 2010, p. 23).

Para alguns autores, o restaurante propriamente dito surgiu em fins do século XVIII, na França. Afirmam que nessa época proliferaram, tanto em Paris como em Londres, típicas tavernas e cafés onde se degustavam muitos tipos de bebidas a que temos hoje. Em Londres, por exemplo, ficou famosa a taverna Mitre, ponto de encontro de Artistas e escritores. (Maricato, 2010, p. 23). (Figura 2, Figura 3)

Figura 2 - Taverna Mitre de Londres nos dias atuais

Fonte: Gale (2010)

Figura 3 - Taverna Mitre de Londres nos dias atuais

Fonte: Ye Olde Mitre ([2015?])

Segundo Maricato (2010), levando em conta outros autores, os primeiros estabelecimentos que de fato se enquadravam a um restaurante, surgiram antes da Revolução Francesa de 1789, na época de Luís XIV e Luís XV.

> A sofisticação de Paris proporcionou o aparecimento dos restaurantes, que possibilitaram a variação de pratos, a evolução do comportamento a mesa, o aperfeiçoamento dos serviços. Um dos primeiros estabelecimentos é tido como o de um comerciante que oferecia sopas restauradoras, o que teria originado a palavra "restaurante. (Maricato, 2010, p. 24).

2.1.2 História do surgimento dos restaurantes no Brasil

Segundo Maricato (2010), os restaurantes no Brasil podem ter começado a surgir em São Paulo, na época de 1599, como o inaugurado por Marcos Lopes para atender viajantes. A partir daí até 1847, os melhores restaurantes localizavam-se nas pousadas, um exemplo nesse tempo era o restaurante Velho Charles e Fontaine.

Segundo Hotéis do Brasil (1978, citado por Dias, 2006), Richard Burton que na época era um classificador de hotéis, diz: "[...] Uma nota curiosa: nos hotéis principais, como os de propriedade dos franceses Charles e Fontaine, só se hospedava quem tivesse cartas de recomendação".

Segundo Diniz (1978, p. 38, citado por SILVA (2008) sobre a pousada de Charles e Firmino:

> [...] não havia um hotel; tínhamos o pequeno restaurante do Velho Charles e do Frederico Fontaine; quando íamos a qualquer deles, procedíamos com cautela, porque ir a uma casa dessas não era então um ato que recomendasse o freguês á estima publica, trazia um não sei o quê de desconsideração.

Segundo Diniz (1978, p. 77, citado por SILVA (2008), "Se se quisesse dar um jantar bem servido, seria necessário encomenda-lo com antecedência de muitos dias; e quanto vinhos, cervejas e licores, indispensável se tornaria mandar vir tudo de Santos, ou mesmo da Corte."

Dessa forma, com a assimilação desses autores e conforme defendido por Silva (2008), os restaurantes do Brasil dessa época eram evitados pela população pelo certo preconceito alegados pela pobreza dos cardápios e a necessidade de encomendar com antecedência sua passagem pelo local.

Retomando o estudo de Maricato (2010) já a partir da Segunda Guerra Mundial no Brasil, com o ciclo do desenvolvimento econômico e imigração, a urbanização atraiu mão de obra barata para as cidades, o que levaram as pessoas a trabalharem nos bares e restaurantes, Assim nessa época, houve misturas de culturas e criação de variedades de pratos, e os restaurantes passaram a ser de caráter familiar (Figura 4, Figura 5).

Figura 4 - Bar Stuar de Curitiba em 1960

Fonte: Prefeitura de Curitiba (2016)

Figura 5 - Foto tirada de dentro de um bar em 1960

Fonte: G1 PR (2018)

Ainda Segundo Maricato (2010), na década de 1980 começaram a se multiplicar os Fast-Food, pizzarias e outros estabelecimentos onde se pode comer rapidamente e sem gastar muito. Na década de 1990, teve a continuação da sofisticação do Mercado aliada a abertura para a importação de produtos e vinda de chefs estrangeiros, assim dando um novo impulso a gastronomia. E a partir dos anos 2000 até os dias de hoje, com a consolidação da globalização e internet, os restaurantes se modificaram novamente, agora apresentam o tema de sustentabilidade, inovação e tecnologia. (Figura 6)

Figura 6 - Estação de vendas Burger King em 1990

Fonte: Welt (2014)

2.2 RESTAURANTES NO CONTEMPORÂNEO

Se antigamente, os restaurantes no Brasil eram vistos como algo não familiar, com cardápios pobres ou lugar de muita cerveja e vinho, ao passar dos anos foi se transformando e ganhando espaço na sociedade, se tornando primeiramente um ambiente familiar e necessário para a alimentação do dia a dia, que depois atinge uma forma de lazer e entretenimento para a população.

Segundo Marroquin (2014) a sustentabilidade e escolhas consciente entram com importância no restaurante do século XXI, pois os consumidores esperam transparência das empresas e informações extras para identificar detalhadamente seus produtos e fazer escolhas conscientes naquela compra.

Ainda segundo Marroquin (2014), os consumidores hoje em dia têm acesso a muita informação todo dia, e através disso criam expectativas cada vez maiores em relação a qualidade, serviço e atendimento de um comercio.

> "Na era da informação, os consumidores estão mais atentos aos produtos que compram. No caso dos alimentos, estão interessados no que oferecem em termos

> nutricionais e se suprem suas necessidades, especialmente no que se refere às preocupações com a saúde" e "está interessado também nos compromissos que a empresa defende em relação à sociedade e ao meio ambiente" (MARROQUIN, 2014)

Pois, se o cliente através da escolha, pode ajudar o planeta ou alguém necessitado do outro lado do mundo, ou ainda, a si mesmo em questão de saúde indo a aquele estabelecimento que é ecologicamente correto e transparente, ele possivelmente se sentirá bem e consequentemente voltará mais vezes. Dessa maneira, uma arquitetura sustentável só traria mais benefícios ao restaurante hoje em dia. (Figura 7)

Figura 7 - Símbolo de Restaurante Sustentável

Fonte: Leite (2015)

A gastronomia e a "boa comida" ganham destaque no contemporâneo, associados ao turismo e entretenimento.

Segundo Barroco (s.d., citado por Furtado (2004):

O Turismo e a Gastronomia são
inseparáveis, pois não têm como se pensar
em turismo, sem prever entre outros itens, a
alimentação para curta ou longa
permanência, onde o viajante não pode
abster-se dela, e desta fora, sempre tende a
experimentar a cozinha local.[...]as pessoas
buscam novos conhecimentos, querem
experimentar novos sabores, vivenciar
outras culturas e gastronomias pode ser o
motivo principal, ou inicial, para se
conhecer determinado local (Figura 8)

Figura 8 – Gastronomia

Fonte: Curta Mais (2016)

Outro fator importante dessa era da informação, é a conexão através de aplicativos, sendo a utilização de tecnologia de ponta para entreter os clientes e fideliza lós, pois segundo Dino (2018):

"Na era digital, bares e restaurantes do século XXI investem em aplicativos mobile personalizados, disponibilizando um menu completo com direito a foto dos produtos, promoções, e muito mais para facilitar a vida dos clientes. Para fechar o ciclo dos canais de vendas do Delivery de restaurantes nos dias de hoje, os proprietários precisam estar atentos e utilizar todos os canais existentes e possíveis, seja através do atendimento no local, por telefone ou através de aplicativos mobile exclusivo do seu estabelecimento." (Figura 9)

Figura 9 - Interação com smartphones nos Restaurantes

Fonte: Cruz (2017)

2.2 MODELOS DE RESTAURANTES

Essa parte do trabalho apresenta as categorias de restaurantes comerciais, para assim ser escolhido o restaurante que apresenta a melhor possibilidade de aproveitamento para a região estudada.

Pois segundo Silva Filho (1996) os estabelecimentos comerciais são divididos em empreendimentos diferentes e que demandam conhecimento especifico sobre o funcionamento de cada um, uma pior escolha da modalidade do Restaurante antes de projetado poderá desperdiçar espaço, tempo e dinheiro.

Segundo Silva Filho (1996), os restaurantes comerciais principais podem ser divididos em 12 empreendimentos distintos, explicados a baixo:

2.2.1 Restaurante de 1° Categoria

Segundo Silva Filho (1996), os Restaurantes de 1° Categoria, oferecem geralmente refeições a "lá carte" e pessoal qualificado, tem-se um atendimento requintado e exige do projetista estudos do espaço e decoração que combinam com o público que irá frequentar o lugar. (Figura 10)

Figura 10 - Exemplo de Restaurante de 1°

Categoria

Fonte: L'Ô Restaurante ([2018?])

2.2.2   Restaurante Típico (Regionais)

Segundo Silva Filho (1996), o Restaurante Típico, é definido pela sua cozinha especifica e decoração da região na qual foi idealizado, também pode envolver a utilização de uniformes específicos, como por exemplo: As pizzarias, Restaurantes de comida chinesa, alemã, mineira, etc. (Figura 11)

Figura 11 - Exemplo de Restaurante Típico

Fonte: Gabinete de Turismo ([2018?])

2.2.3 Restaurante tipo "Grill-Room"

Segundo Silva Filho (1996), Restaurantes tipo "Grill-Room" são restaurantes especializados em alimentos grelhados e flambados, normalmente preparado à vista do cliente. Esses estabelecimentos exigem equipamentos específicos para essas atividades e além de uma boa ventilação e exaustão para não criar nevoas de gordura. Outro fator importante desse tipo de restaurante é a boa escolha de mobiliários confortáveis, já que esse tipo de ramo, o serviço tende a ser demorado e o cliente mais exigente. (Figura 12)

Figura 12 - Exemplo de restaurante tipo "Grill Room"

Fonte: Taxco (2017)

2.2.4 Restaurante tipo "Self-Service"

Segundo Silva Filho (1996), o Restaurante tipo "Self-Service é o próprio cliente que se serve, através de "uma ilha de balcões especiais; aquecidos, refrigerados e neutros, onde os alimentos são expostos conforme seja sua temperatura". (

Figura 13)

Figura 13 - Exemplo de Restaurante tipo "Self-Service"

Fonte: Brito (2017)

2.2.5   Restaurante tipo "Snak-bar"

Segundo Silva Filho (1996), esse tipo de restaurante, considerado "Snak-bar", se caracteriza pelo serviço simples e semelhança a uma lanchonete sofisticada, com refeições rápidas e a qualquer hora do dia ou noite. Seu mobiliário deve ser compatível com o tipo de atendimento: Balcões e bancos altos. (Figura 14)

Figura 14 - Exemplo de Restaurante tipo "Snak-Bar"

Fonte: Moura C. (2017)

2.2.6 Restaurante tipo "Scoth-bar"

Sobre o restaurante tipo "Scath-bar", "Normalmente sua localização é agregada a um restaurante, boate etc..., funcionando as vezes até como uma ante-sala, para ponto de encontro ou sala de espera antes da refeição principal. Neste Serviço serve-se aperitivos, coquetéis, drinques e petiscos". (Silva Filho, 1996, p. 125) (Figura 15)

Figura 15 - Exemplo de Restaurante tipo "Scoth-bar"

Fonte: Royal Hotéis ([2018?])

2.2.7 Restaurante tipo Taberna

Restaurante tipo Taberna, "È uma casa, cujo serviço baseia-se principalmente na venda de vinhos, assados, pães,etc.". (Silva Filho, 1996, p. 125) (Figura 16)

Figura 16 - Exemplo de Restaurante tipo Taberna

Fonte: General... (2018)

2.2.8 Restaurante tipo Pub

Segundo Silva Filho (1996) o restaurante tipo Pub é um estabelecimento que possui dois ambientes: serviço de bebidas e refeições, e um ambiente para espetáculos. Alguns com maior nível de refinamento, podem apresentar antessalas para jogos. (Figura 17)

Figura 17 - Exemplo de Restaurante tipo Pub

Fonte: Mattos (2017)

2.2.9 Cervejarias

Segundo Silva Filho (1996) as Cervejarias servem vários tipos de bebidas como a principal atração, tendo uma vasta lista de cervejas caracterizada com a "cara do estabelecimento". (Figura 18)

Figura 18 - Exemplo de Cervejarias

Fonte: Lupulolede... (2015)

2.2.10 Restaurante tipo Churrascaria

Os restaurantes tipos churrascaria são compreendidos como "Restaurantes especializados em serviço de grelhados e assados, atendimento sob a forma de "rodízios", ou a "lá carte"". (Silva Filho, 1996, p. 125) (Figura 19)

Figura 19 - Exemplo de Restaurante tipo Churrascaria

Fonte: Vista... (2016)

2.2.11 Steak House

Segundo Silva Filho (1996) Steak House são restaurantes especializados nos mais diversos tipos de carne Bovina, qual geralmente é acompanhado de molhos especiais. (Figura 20)

Figura 20 - Exemplo de Steak House

Fonte: Zuini (2011)

2.2.12 Fast-Food

Os Fast-Foods são um dos mais conhecidos restaurantes hoje em dia, e segundo Silva Filho (1996), dispõem de serviços ultrarrápidos, e normalmente oferecidos aos públicos que tem pouco tempo disponível ou que querem uma alimentação rápida no dia a dia. Esses estabelecimentos necessitam de equipamentos especiais para a produção rápida do alimento e com qualidade. (Figura 21)

Figura 21 - Exemplo de Fast-Food

Fonte: Extra (2014)

2.3 AMBIENTES DE RESTAURANTES

O objetivo desta sessão será analisar os ambientes que serão inseridos na proposta projetual do Restaurante, foco deste Trabalho Final de Graduação (TFG).

2.3.1 Administração

Para Maricato (2010) administrar um restaurante envolve o controle de vários processos ao mesmo tempo, assim deve se dar atenção à eficiência e qualidade do atendimento, das compras, das reservas da empresa, do cardápio, da qualidade dos pratos e das bebidas, da escolha do chef e os auxiliares do chef, da higiene, da administração financeira e controles e etc. E um problema relatado que a "administração bem estruturada" pode resolver, por exemplo, é a ocasião que o fornecedor pode agir de má-fé e entregar produtos com peso inferior ao combinado ou produtos com prazo de validade vencido.

Sobre a administração:

> Para CHIAVENATO (1993) administrar nos dias de hoje significa fazer uma
> leitura dos objetivos propostos pelas instituições e empresas e transformá-los em ação organizacional partindo das funções administrativas ou seja do planejamento, organização, direção e controle através do esforço de todos, realizado em todas as áreas e em todos os níveis da organização, a fim de alcançar os objetivos propostos da maneira mais adequada à situação. (GRECO, [2013?], p. 2)

> Um dos pontos fortes da equipe e que mostram a saúde da empresa é a contabilidade. Essa parte da administração, muitas vezes ignorada, é de vital importância para o bom andamento e

> crescimento da empresa. É necessário cautela e perfil analítico para a melhor tomada de decisão. As oportunidades de crescimento serão verificadas através dos dados gerados por essa atividade. Se a empresa não dispor de estrutura física para abrigar a contabilidade, ou não possui profissionais capacitados, uma opção também e terceirizar este serviço. (INFONOVA, 2017)

A partir dessas informações, fica clara a importância da administração em um ambiente comercial e sua conexão com o desempenho do estabelecimento. Dessa forma, um restaurante precisa de uma sala administrativa, e precisa ser compatível com a complexidade da administração do empreendimento projetado.

2.3.2 Caixa

O caixa é a área onde o cliente paga a conta de seus gastos no restaurante, geralmente é constituído por um espaço que é separado por um balcão da área de alimentação ou em um hall especifico para a atividade.

Esse ambiente é importante para auxiliar na parte de contabilidade do restaurante, e precisa estar de acordo com a Lei

9.317/96 e as demais formalidades do livro caixa, que devem conter data do registro, breve histórico, entradas e saídas e saldo atual da conta Caixa quando se efetuar uma venda ao cliente. (Figura 22)

Figura 22 - Exemplo da área do caixa

Fonte: Abrafordes ([2018?])

2.3.3 Nutricionista

A nutricionista tem um papel importante de orientação em um restaurante, e segundo BRASIL (2007) é importante sua sala ter a sua localização em um local que consiga ter ampla visão da cozinha e refeitório, podendo utilizar painéis de vidro em algum lugar da sua sala para melhorar sua supervisão das atividades.

Papel da Nutricionista no Restaurante:

> Gerenciar a qualidade de produtos e serviços através de ações que privilegiem o controle higiênico-sanitário estabelecendo critérios, normas e rotinas de trabalho que tenham ênfase na segurança alimentar e na prevenção e minimização do desperdício de recursos. (PARANAGUÁ, [21--?])

De acordo com o projeto de um restaurante popular de BRASIL (2007), o ideal é a sala da nutricionista ter uma visão para a área de distribuição de marmitex, uma visão para a área de cocção e linha de distribuição, e uma visão para o refeitório, para poder fazer melhor interação e integração com esses três setores. (Figura 23)

Figura 23 - Ilustração de como deve ser a sala da Nutricionista

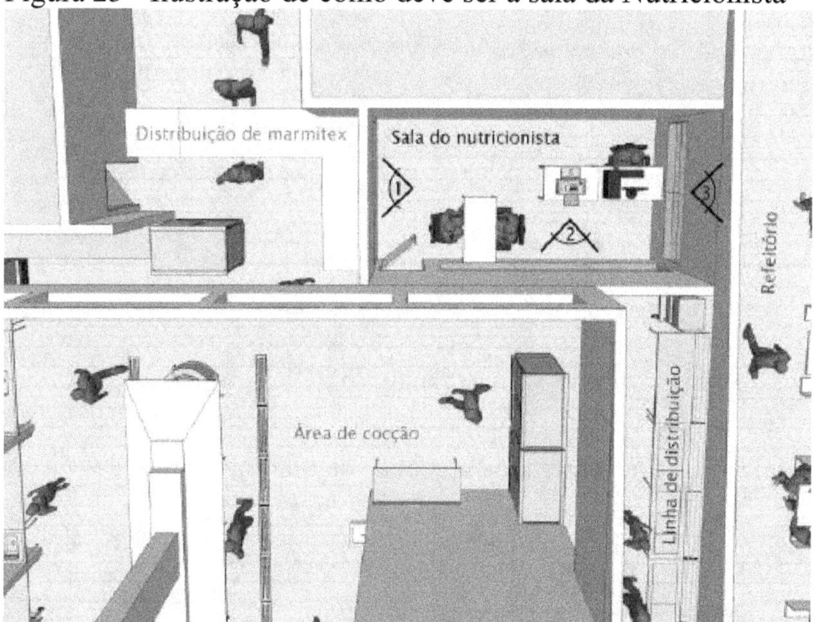

Fonte: BRASIL (2007, p. 36)

2.3.4   Área de Recepção e Estocagem

Esse conjunto de áreas, são destinadas ao armazenamento dos produtos recém chegados dos fornecedores, que passam por um processo geralmente em ordem de Recepção, Pré-Lavagem, controle e deposito em despensa fria ou seca. (Figura 24, Figura 25)

Figura 24 – Ilustração do Fluxograma de uma cozinha

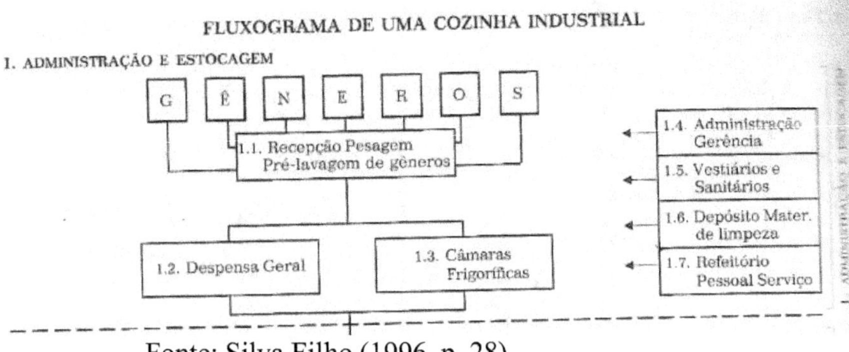

Fonte: Silva Filho (1996, p. 28)

Figura 25 - Ilustração geral da recepção de matéria prima

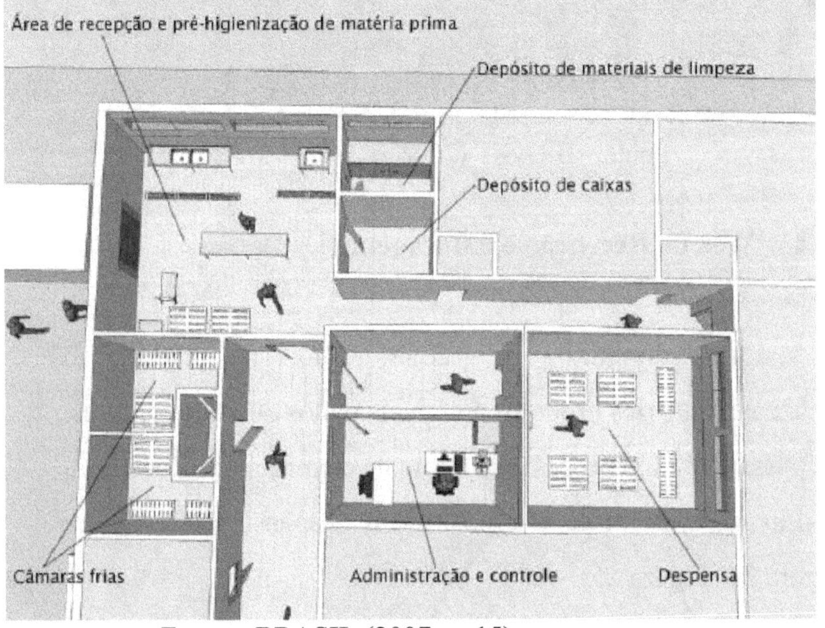

Fonte: BRASIL (2007, p. 15)

2.3.4.1 *Recepção de Mercadorias*

Segundo Silva Filho (1996) a recepção de mercadorias geralmente é composta por um almoxarife em conjunto com o pessoal técnico que durante a entrega precisa fazer a conferencia de Nota Fiscal para comparar e ver se está de acordo com o pedido emitido ao fornecedor. (Figura 26)

Dessa maneira, segundo Silva Filho (1996) essa área precisa ser planejada para ter áreas para: a limpeza e higiene do veículo transportador, a verificação do peso e quantidade, a verificação da qualidade do produto, a substituição da embalagem do fornecedor pela embalagem do estabelecimento, pré-lavagem e lavagem com água, e transporte até a despensa.

Silva Filho (1996) relata que quando o fluxo do processo de recebimento e armazenagem é feito dentro dos preceitos de higiene, uma possível contaminação por microrganismo diminui bastante.

Figura 26 - Ilustração detalhada da recepção

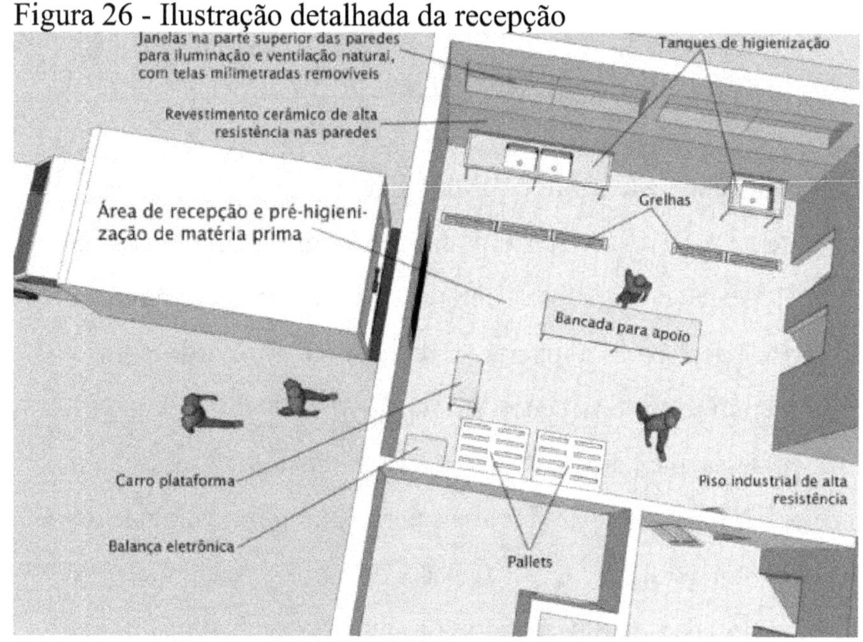

Fonte: BRASIL (2007, p. 12)

2.3.4.2   *Pré-Lavagem*

Área destinada para a limpeza dos alimentos de um Restaurante, tem o objetivo de segundo Tecnologia Limpa ([21--]) "prevenir e corrigir problemas que possam levar à contaminação microbiológica, física ou química dos alimentos, com o intuito de preservar a pureza, a palatabilidade, e portanto, a qualidade dos alimentos."

A etapa de pré-lavagem tem por objetivo dissolver a maioria dos resíduos das superfícies através da aplicação de jatos de água fria, jatos de água quente e jatos de vapor de água. A etapa de pré-lavagem é de grande valor, por reduzir a população microrgânica, através de sua ação diluente de grande parte dos resíduos existentes. A temperatura da água vai depender da natureza da sujidade a ser removida. (TECNOLOGIA LIMPA, [21--]) (Figura 27)

Figura 27 - Exemplo do local de pré-lavagem

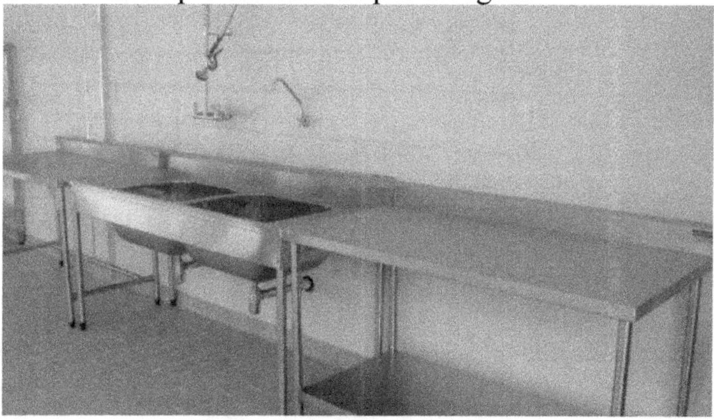

Fonte: Kelpper ([201-?])

2.3.4.3 Controle

Segundo BRASIL (2007) controle é uma área onde se realiza atividades administrativas relacionadas ao Restaurante e controle da aquisição dos gêneros junto aos fornecedores. Ela deve ser uma área fechada e de acesso restrito, localizada perto da recepção e armazenamento de mercadorias.

> Toda empresa deve ter uma forma permanente de controle sobre fluxos e números de todos os setores, incluindo os de ativos, materiais, financeiros, estoques, desperdícios, compras e tudo mais que for necessário. É como se em cada área houvesse um termômetro, para ver se tudo corre conforme o planejado. Se o termômetro aponta irregularidades, as providencias devem ser imediatas. (MARICATO, 2010, p. 136)

2.3.4.4 Despensa Fria

Segundo Silva Filho (1996) a despensa fria é onde são guardados os gêneros perecíveis, aqueles que precisam de cuidados especiais e apodrecem rápido.

> Os gêneros perecíveis devidos á sua
> composição e formas de produção e na
> condição natural, possuem em sua forma
> original "in natura", microorganismos que
> fazem o alimento entrar em estado de
> decomposição muito rapidamente, e a
> maneira de se evitar ou minimizar o
> processo será através da temperatura,
> tratamento químico, inspeção no
> recebimento e limpeza previa na recepção.
> (SILVA FILHO, 1996, p. 30)

Dessa maneira, e ainda segundo Silva Filho (1996), sobre a ação de conservar esses alimentos, essa despensa consegue e necessita manter os alimentos abaixo de 10°C:

> A temperatura ideal para evitar o
> crescimento destes microorganismos será
> manter os alimentos sob uma temperatura
> abaixo de +10°C ou superior a +65°C, pois,
> é no intervalo destas temperaturas que as
> bactérias encontram ambiente propício ao
> seu desenvolvimento. (SILVA FILHO,
> 1996, p. 30)

Segundo Silva Filho (1996) a despensa fria pode ser a forma de Armários Frigoríficos: freezer, refrigerador horizontal e refrigerador vertical ou Câmaras Frigorificas.

A Câmara Frigorifica é para grandes quantidades de gênero, e segundo Silva Filho (1996) existem dois tipos, a câmara de alvenaria e câmara desmontável. (Figura 28, Figura 29, Figura 30, Figura 31)

Figura 28 - Detalhe do isolamento de parede

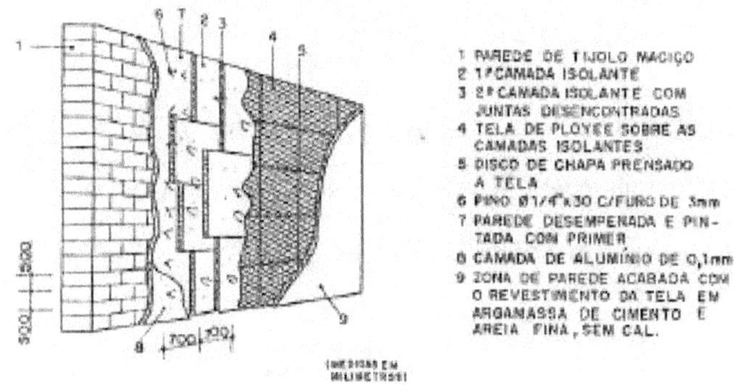

Fonte: Silva Filho (1996, p. 33)

Figura 29 - Detalhe do isolamento das câmaras frigoríficas

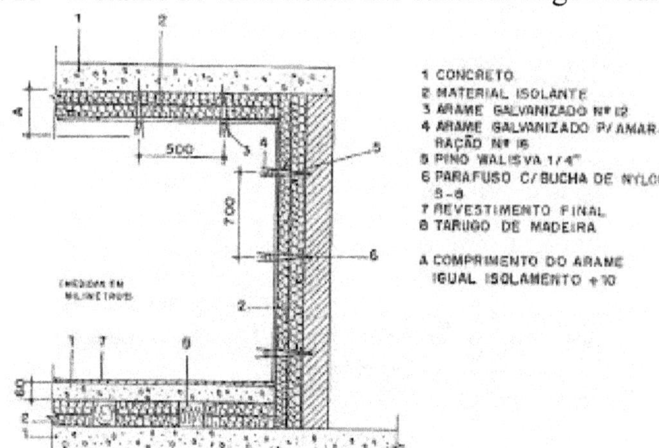

Fonte: Silva Filho (1996, p. 33)

Figura 30 - Detalhe do piso das câmaras frigorificas

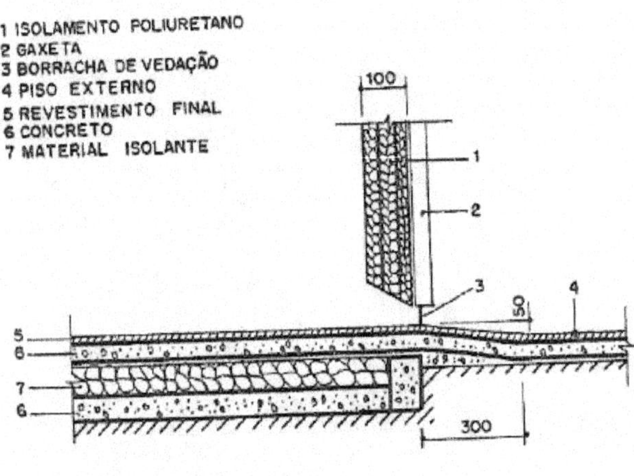

Fonte: Silva Filho (1996, p. 34)

Figura 31 - Exemplo de Câmara Fria Desmontável

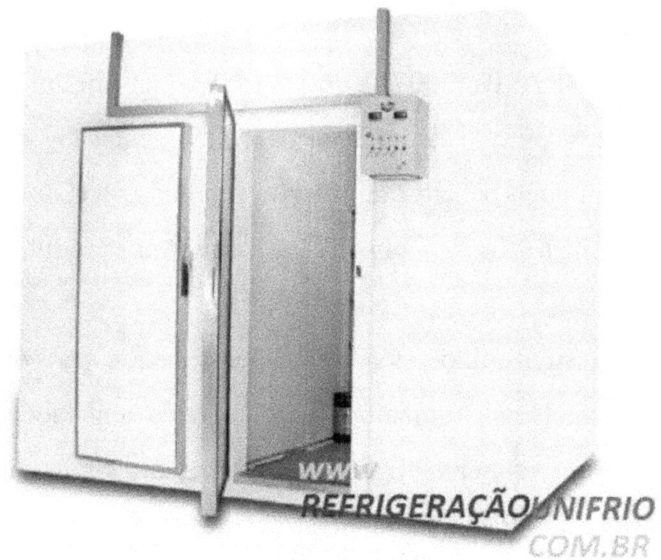

Fonte: HS Unifrio ([2018?])

As câmaras Frias devem ser projetadas dentro das normas ABNT e ANVISA e instaladas seguindo Norma NBR – 16069, que passa segurança necessária para sistemas de refrigeração.

2.3.4.5   Despensa Seca

Segundo BRASIL (2007) a despensa deve ter um único acesso para o controle eficiente da movimentação de mercadorias, tem que ser bem iluminada e ventilada, mas deve evitar a incidência direta com a luz sobre os produtos armazenados.

Segundo Silva Filho (1996) a despensa seca é para os gêneros não perecíveis, alimentos como: cereais, enlatados, açúcar, etc. Que geralmente ficam distribuídas em sacos em cima de estrados de madeira, estantes metálicas, mesas e etc. (Figura 32).

Figura 32 - Exemplo de prateleira de despensa

Fonte: Zona... ([21--])

2.3.5 Área de Preparo

Segundo Brasil (2007, p. 16) sobre a área de preparo:

> Estas áreas são destinadas a comportar atividades e procedimentos de manipulação de alimentos preliminares à etapa de cocção. Deve haver, necessariamente, algum tipo de separação física entre elas, pois os gêneros

de cada área de pré-preparo não podem se misturar aos gêneros das outras áreas.

A baixo na (Figura 33), no exemplo de layout de um Restaurante, os quadrados coloridos são as áreas de preparo e o círculo cinza é a área de cocção. As áreas de preparo são divididas por paredes e cada cor de um quadrado representa uma área: o quadrado vermelho é a área de preparo de sucos e sobremesas, o quadrado verde é a área de preparo de vegetais, o quadrado laranja é a área de preparo de legumes, o quadrado azul é a área de preparo de massas e cereais, e o quadrado amarelo é a área de pré-preparo de carnes (Figura 34).

Figura 33 - Ilustração do funcionamento das áreas de preparo

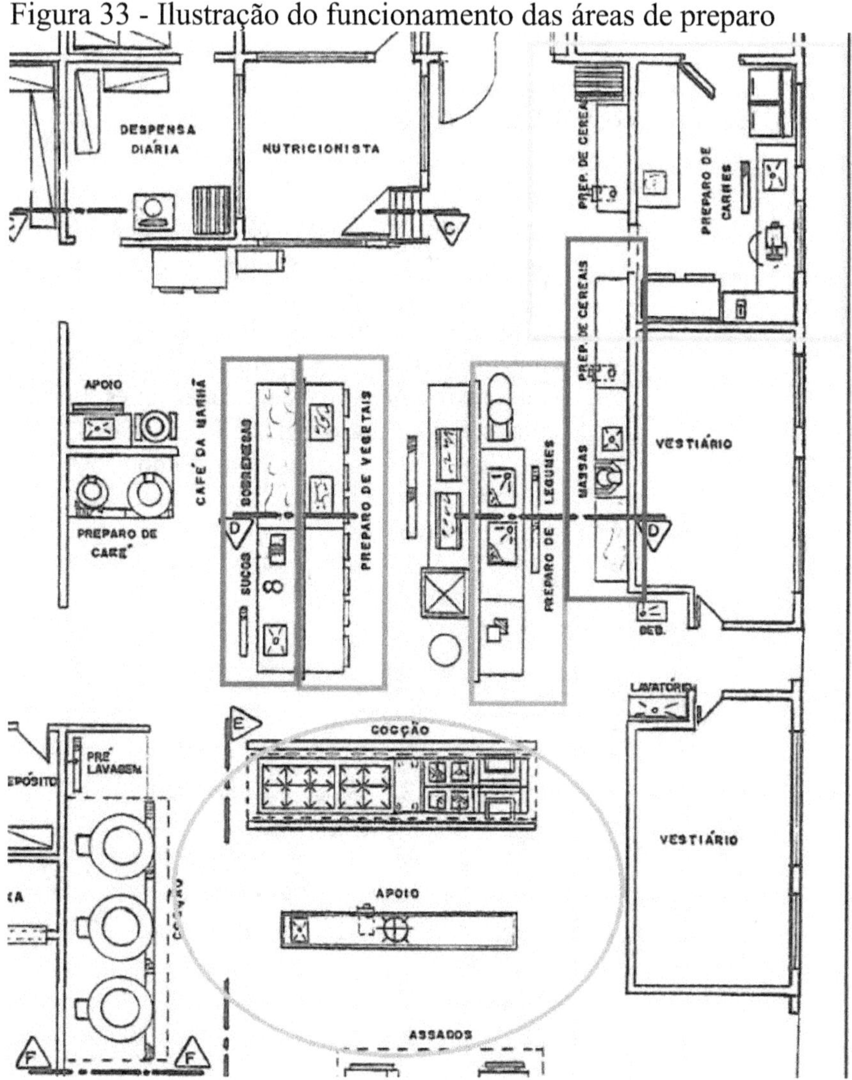

Fonte: Modificado a partir de Silva Filho (1996, p. 132)

2.3.5.1 *Preparo de Carnes*

De acordo com BRASIL (2007, p. 17)

> Área onde ocorrem os trabalhos e procedimentos necessários para a manipulação de carnes, aves e peixes. Deve ser uma sala fechada e climatizada, com temperatura adequada (entre 16°C e 20°C) para o resfriamento e manipulação antes do preparo final. Para o suporte às atividades, deve dispor de bancadas de trabalho (com cubas para higienização), com altura entre 85 cm e 90 cm. (Figura 34)

Figura 34 - Ilustração de uma sala para preparo de carnes

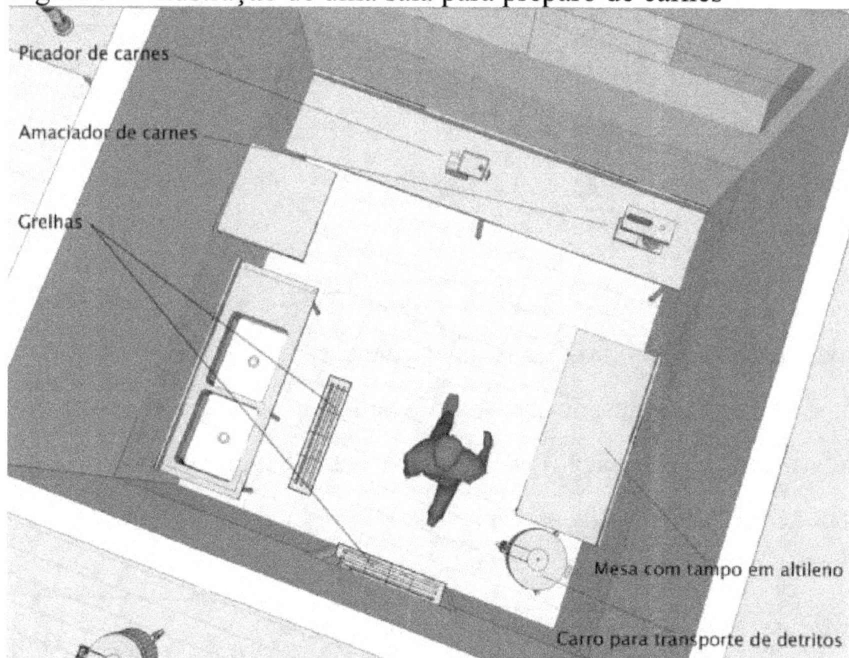

Fonte: BRASIL (2007, p. 18)

2.3.5.2 *Preparo de Legumes e Verdura*

De acordo com Brasil (2007, p. 17):

> Área onde ocorrem os trabalhos para a modificação dos gêneros alimentícios, ou seja, procedimentos de higienização, corte, tempero, porcionamento, seleção, escolha, moagem e/ou adição de outros ingredientes.

> Para o suporte às atividades, devem dispor
> de bancadas de trabalho (com cubas para
> higienização), com altura entre 85 cm e 90
> cm.

2.3.5.3 *Preparo de Massas e Cereais*

"Área onde ocorrem os trabalhos para a produção de doces, biscoitos, bolos, massas e catação de cereais. Para o suporte às atividades, deve dispor de bancadas de trabalho (com cubas para higienização), com altura entre 85 cm e 90 cm." (BRASIL, 2007, p. 20)

2.3.5.4 *Preparo de Sobremesas e Sucos*

"Área específica para cada tipo de serviço proposto e não segue nenhuma regra básica. Para o suporte às atividades, deve dispor de bancadas de trabalho (com cubas para higienização), com altura entre 85 cm e 90 cm." (BRASIL, 2007, p. 20)

2.3.6 Cozinha Geral

Segundo Maricato (2010) a cozinha é uma área semelhante à linha de produção industrial, sua localização deve

ser estratégica e de fácil acesso para os funcionários, que
precisam fazer conexões com outras dependências para a
produção da refeição.

"Para projetar uma cozinha, o arquiteto deve ter também
um conhecimento completo do tipo de estabelecimento, público,
cardápio, etc., e noções especificas de como ela funciona:
recepção, pré-preparo, preparo, cocção, área de lavagem,
recolhimento de lixo." (MARICATO, 2010, p. 75) (Figura 35)

Figura 35 - Fluxograma da Cozinha

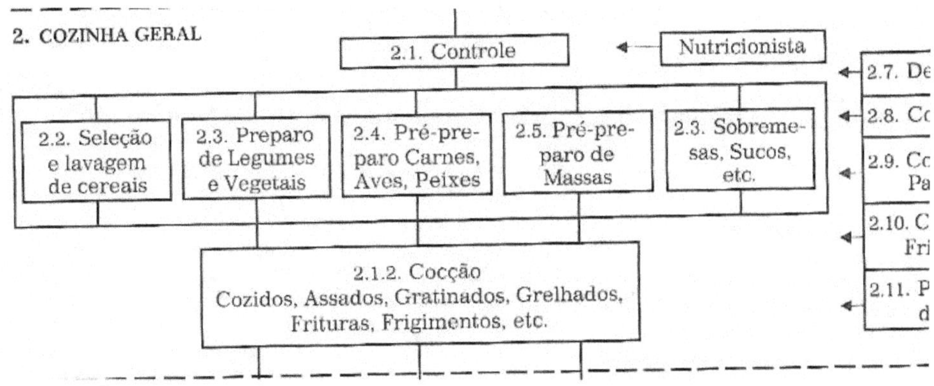

Fonte: Silva Filho (1996, p. 28)

Ainda sobre a cozinha:

> A cozinha deve ser planejada e dimensionada em espaços e equipamentos para a qualidade e quantidade do público-alvo. Para tanto, o projetista deve ouvir o empresário e seu cozinheiro e aferir o número de refeições que serão servidas. É bom sempre prever o uso intenso, pois, se a cozinha for infradimensionada, sua adaptação, mesmo quando possível, é caríssima. (MARICATO, 2010, p. 74)

2.3.6.1 Cocção

Segundo Silva Filho (1996) a área de cocção é destinada para á preparação final do alimento. E é dividido em quatro grupos:

"Cocção básica, que é feita em caldeirões (feijão, arroz, carnes de panela, sopas, massas, cremes, etc." (Figura 36)

Figura 36 - Exemplo de caldeirão industrial

Fonte: Pinheirão Cozinhas ([2018?])

"Cocção ordinária, que é feita em fogões (bifes, molhos, condimentos para cocção básica, etc.)". (Figura 37)

Figura 37 - Exemplo de fogão industrial

Fonte: Catral ([2018?])

"Frituras, que são feitos em frigideiras e fritadeiras." (Figura 38)

Figura 38 - Exemplo de Fritadeira industrial

Fonte: Soluções Industriais ([2018?])

"Cocção especial, que é feita em fornos, cozedores de legumes, bateria báscula, sanduicheira, etc..." (Figura 39)

Figura 39 - Exemplo de forno industrial

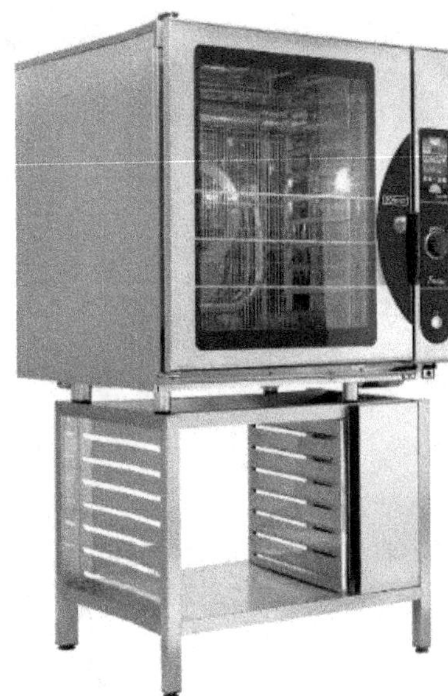

Fonte: Perfecta ([2018?])

Figura 40 - Exemplo de ilha de cocção

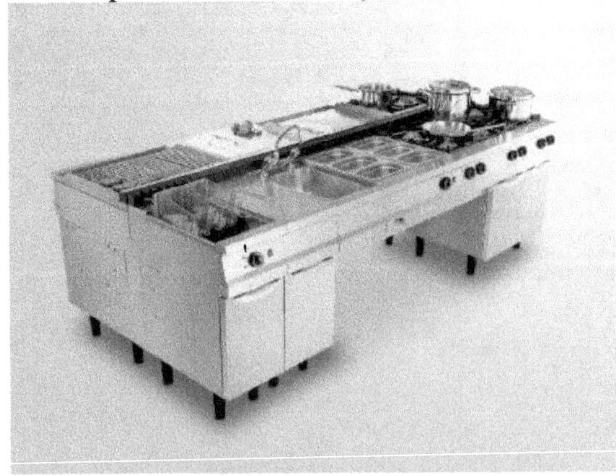

Fonte: Nalin ([2018?])

Figura 41 – Cocção em linha de parede

Fonte: Silva Filho (1996, p. 50)

2.3.6.2 *Apoio e Bancada*

Segundo Silva Filho (1996) o apoio e Bancada é utilizado para preparar os alimentos, higienizar os alimentos, confeccionar os alimentos e fazer a lavagem dos alimentos, e deve ser feito em aço inoxidável.

Pois segundo Silva Filho (1996), o ideal é a eliminação de muretas convencionais de alvenaria para o apoio e tampo, para facilitar o projeto executivo e a eliminar a dependência desses elementos.

"Construção em chapas de aço inoxidável, tipo AISI-304, LIGA 18/8, com espessura mínima de 0,95mm e máxima de 1,59mm, acabamento polido fosco granolometria mínima 80mash." (SILVA FILHO, 1996, p. 177)

Também "devem ser evitados os usos de materiais que não possam ser facilmente limpos e desinfetados, com o uso preferencial para superfícies de aço inoxidável e materiais laváveis" (ANVISA, 2004).

Figura 42 - Exemplo de apoio

Fonte: Indusfrio ([2018?])

2.3.6.3 *Assados*

Para Silva Filho (1996) na categoria de assados, entra quando se coloca o alimento ao ar quente, confinado numa câmara fechada. E o equipamento utilizado para realizar essa atividade pode ser o forno convencional que é para menores quantidades, o forno de convecção elétrico para media e grandes quantidades, ou o forno combinado, que pode reduzir o custo de preparação do alimento.

2.3.6.4 Recepção e Higienização de Utensílios

Segundo BRASIL (2007), a Higienização envolve todo o processo de limpeza, sanitização e desinfecção dos equipamentos do restaurante e inclusive a área física, buscando o controle da higiene em todos os processos do estabelecimento.

Ainda segundo BRASIL (2007), existi o setor de higienização e armazenamento da cozinha, que é onde será lavado os pratos e utensílios da cozinha, e existe o setor de recepção de utensílios do refeitório, sendo que esse último deve ser:

> [...] O mais fechada possível em relação ao refeitório. Deve haver somente a abertura para devolução de bandejas/pratos e talheres. Sua localização deverá ser próxima à porta de saída dos usuários, e longe da área de distribuição das refeições, a fim de se evitar o fluxo cruzado de usuários. (BRASIL, 2007, p. 30)

Figura 43 – Exemplo de higienização dos equipamentos

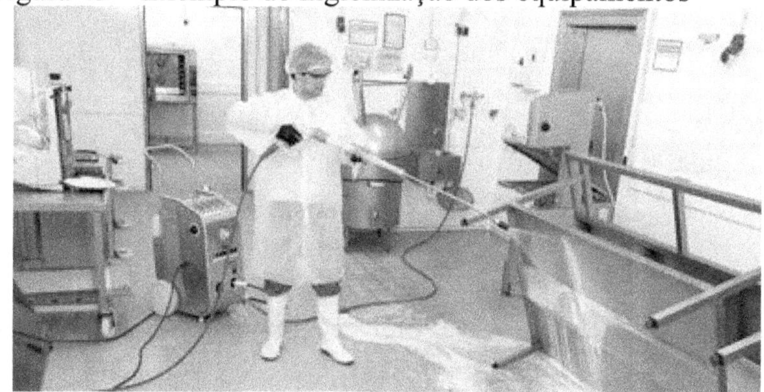

Fonte: Conduzir Consultoria (2017)

2.3.6.5 Lixo

"O lixo é as [...] sobras de material não aproveitável no processo de produção e que retorna não consumido das bandejas como: restos alimentares, sobra na preparação, embalagem recicláveis ou não [...]." (SILVA FILHO, 1996, p. 176)

Segundo Silva Filho (1996), o lixo pode ser dividido em orgânico ou inorgânico, sendo que o primeiro é aquele de "origem animal ou vegetal como: ossos, nevroses, casca de frutas, legumes, etc..." e o segundo é de "origem sintética como: plásticos, vidros, alumínio, flandres, isopor, etc...". O lixo também pode ser Seco ou úmido, sendo que o primeiro é aquele que não libera liquido como papeis e o segundo é aquele que libera liquido ou retém água como embalagem de papelão encharcada.

Ainda segundo Silva Filho (1996) o lixo precisa ser classificado dentro do próprio ambiente e ser destinado para o Compactador de Lixo ou Triturador ou Câmara Frigorifica/Armários Frigoríficos ou Depósito tipo "conteners".

Dessa maneira segundo Silva Filho (1996) o compactador de lixo, é capaz de reduzir um lixo em 6:1 a 70:1 e diminuir o custo de armazenamento e transporte. Um triturador pode triturar as sobras orgânicas e lançar elas na rede de esgoto, precisa verificar se a legislação permite. A Câmara Frigorifica controla através da temperatura e bloqueiam o crescimento e desenvolvimento das bactérias nesse ambiente, inibindo o mau cheiro. E o deposito tipo "Conteners" são destinados a coleta de lixo reciclável. (Figura 44, Figura 45)

Figura 44 - Exemplo de Câmara Frigorifica para lixo

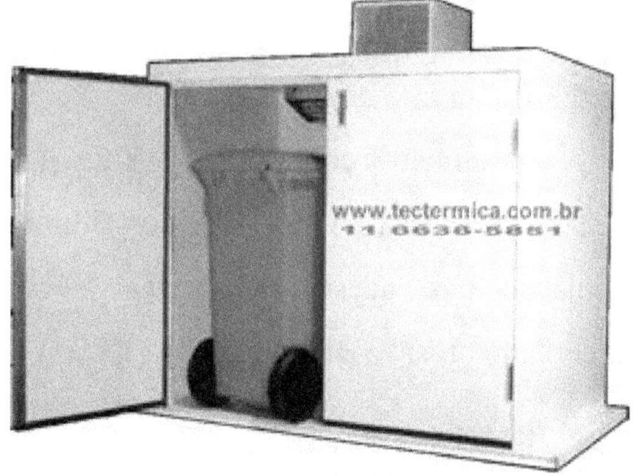

Fonte: Tectermica ([2018?])

Figura 45 – Exemplo de deposito de lixo tipo "conteners"

Fonte: Alternativa ([2018?])

2.3.7   Refeitório

"É o local do restaurante onde todo o serviço está ligado diretamente com o atendimento comercial / cliente" (SILVA FILHO, 1996, p. 93). "È a área de consumo dos alimentos. O controle da circulação e o acesso do pessoal devem ser ordenados e sem cruzamentos." (BRASIL, 2007, p. 27)

> Refeitório é uma área destinada ao conforto do cliente. Muitas vezes, este fator é determinante, pois conforme a percepção de cada usuário, informações e estímulos aos sentidos recebidos do meio em que se encontra, faz com que o mesmo se sinta confortável ou não para retornar ao estabelecimento (SILVA FILHO, 1996) citado por (SOMAVILLA, 2013, p. 118)

Figura 46 - Ilustração de um refeitório

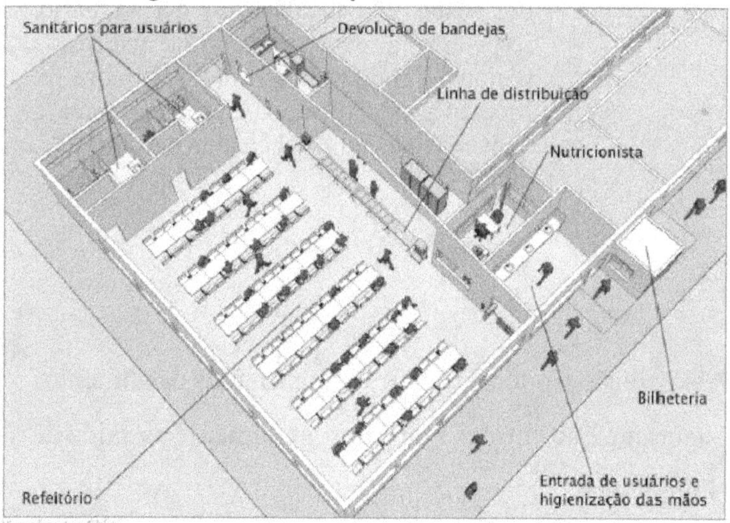

Fonte: BRASIL (2007, p. 27)

2.3.8 Vestiário

O vestiário deve seguir a NBR-32 de segurança de trabalho, que passará dimensões mínimas e iluminação necessária para a área do vestiário do restaurante.

> È obrigatório em todos os estabelecimentos industriais e naqueles em que a atividade exija troca de roupas ou seja imposto o uso de uniforme ou guarda-pó, haverá local apropriado para vestiário dotado de

> armários individuais, observada a separação de sexos. A localização do vestiário, respeitada a determinação da autoridade regional competente em Segurança e Medicina do Trabalho, levará em conta a conveniência do estabelecimento. (NR-32, 2005)

2.3.9 Expedição

A expedição é o local que fica armazenados os alimentos de um restaurante que entrega marmitas, geralmente na saída de serviço (Figura 47):

> Local destinado ao armazenamento e abastecimento de containers térmicos (tipo hot box), que mantêm a temperatura dos alimentos desde o momento do preparo até a chegada ao local onde eles devem ser entregues. É recomendável que se preveja espaço suficiente dentro da edificação para a entrada do veículo que transportará os hot boxes. (BRASIL, 2007, p. 39)

Figura 47 - Ilustração da área de expedição

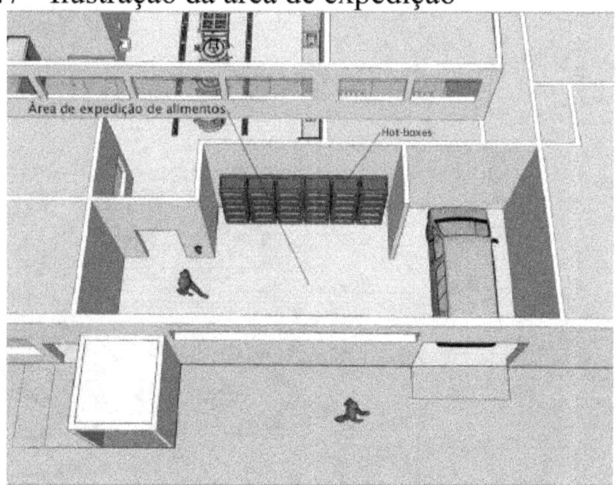

Fonte: BRASIL (2007, p. 39)

2.3.10 Estacionamento

Para Maricato (2010) a criação de estacionamento para o cliente torna-se comum e importante para agregar sofisticação para o estabelecimento, pois protege o cliente contra "guardadores" e assaltantes da rua, e segundo ele, é um incomodo gastar bastante tempo procurando um lugar para estacionar e ainda parar longe do estabelecimento.

"Ao receber e guardar o veículo, a empresa está se responsabilizando pela sua segurança e integridade, de nada valendo recibos que contem avisos negando qualquer obrigação.

O melhor é pagar um seguro para evitar grandes prejuízos." (MARICATO, 2010, p. 128)

Figura 48 – Exemplo do estacionamento exclusivo do Subway

Fonte: Estacionamento.... (2017)

2.4 DIRETRIZES PROJETUAIS

Nessa outra subdivisão serão apresentadas as diretrizes projetuais do anteprojeto do restaurante, que a baixo está dividido em tópicos: Conforto Acústico, Qualidade energética, Climatização e Ventilação, Sustentabilidade, Qualidade estética, Ergometria, Higiene, Tecnologia e Inovação e Qualidade no atendimento. Reforçando que esses tópicos são de grande importância para fornecer maior aproveitamento aos ambientes estudados nas subdivisões a cima.

2.4.1 Conforto Acústico

Segundo Silva Filho (1996, p. 151):

> Devido à presença de máquinas, sistemas de exaustão, manipulação de utensílios, água, vapor, impactos nas superfícies inoxidáveis, entre outros, o nível de ruído nas cozinhas industriais tende a ser alto, sendo potencializado pelo elevado pé-direito necessário e a existência de superfícies não absorventes. O projetista deve ter o cuidado no que se refere à escolha de materiais, pois, normalmente os minimizadores de ruídos são elementos porosos, não recomendados para as cozinhas, exceto no tratamento de forros.

Sobre o conforto acústico:

> [...] O conforto acústico em restaurantes pode ser percebido pelos usuários-clientes em termos de tranquilidade para a refeição, para comunicação e também no nível de satisfação declarado pelo usuário. Este é um fator subjetivo que pode tornar o restaurante mais popular e afetar o seu sucesso [...] (COOPER, 1986 citado por MOJOLLA, LOPES, et al., 2013, p. 2)

Segundo Mojolla, Lopes, Dias e Bertolli (2013) através de uma pesquisa, foi definido que um restaurante com acústica deficiente pode atrapalhar negativamente os clientes durante a conversa no ambiente, fazendo até que alguns se inclinam durante a conversa para conseguir ouvir o que o seu interlocutor está dizendo. Sendo assim, tornando necessário a utilização de materiais que inibem esse incomodo.

E para as questões relacionadas à avaliação de ruído, destacam-se no as normas ABNT NBR 10.151:2000 e ABNT NBR 10152:1987.

2.4.2 Qualidade Energética

Segundo Silva Filho (1996) a iluminação utilizada de maneira correta traz benefícios para o conforto físico e mental dos trabalhadores e ajuda a evitar acidentes e a fadiga neurossensorial.

Iluminações recomendadas por Silva Filho (1996, p. 151) "Em condições normais, a luz do dia com incidência direta chega á faixa de 5000 a 6000 lux, então pode-se aproveitar de 4% a 8% desta luz dentro das áreas de trabalho" (Figura 49).

Figura 49 - Níveis de iluminações Recomendadas

Níveis de Iluminação Recomendadas

SITUAÇÃO	MÍNIMO DE LUX
Áreas Gerais	200
Áreas de preparo	400
Cocção	400
Copas de higienização	400
Distribuição	400
Despensa	200
Preparo de adornos	600

Fonte: Modificado a partir de Silva Filho (1996, p. 151)

Segundo Silva Filho (1996) as lâmpadas devem ser resistentes à corrosão e ter proteção contravapor de água, e as lâmpadas mais indicadas são as fluorescentes.

Segundo Maricato (2010) a iluminação facilita o trabalho dos funcionários e é fundamental para cativar e reter os clientes. E ele afirma que hoje a iluminação pode ser usada como uma oportunidade de se diferenciar do concorrente, pois pode-se combinar a iluminação com a decoração do restaurante e contribuir para criar um clima acolhedor, que ressalta os detalhes e realça a beleza dos pratos.

"[...] É preciso levar em conta que a cor branca reflete de 50% a 75% da luz; o marrom, de 15% a 25% preto,0%; e um espelho, de 80% a 90%." (MARICATO, 2010, p. 88)

Ainda segundo Maricato (2010) um bom projeto deve prever o calor que pode causar as áreas envidraçadas, claraboias ou telhas transparentes, que podem ser evitados com coberturas, telhados ou vidros foscos.

2.4.3 Climatização e Ventilação

Segundo Silva Filho (1996) são desprendidos muitos poluentes durante o processo de cocção que podem causar problemas para os trabalhadores e para as instalações. Para evitar esses problemas é necessário utilizar exaustores e captadores em cima de equipamentos produtores de gases. Assim ocorre a renovação do ar. (Figura 50)

Figura 50 – Exaustores

Fonte: Ventisilva (2013)

A ventilação em cozinhas industriais deve ser adequada para prevenir o acúmulo excessivo de calor, condensação de vapor, poeira e remoção do ar viciado, deixando o ambiente livre de fungos, gases, fumaças, entre outros. Por isso, o fluxo de ar não deve incidir diretamente sobre os alimentos. Devese ter cuidado com a direção do fluxo de ar que nunca deve ir de uma área suja para uma área limpa. É de extrema importância a instalação de um sistema de exaustão para remover a fumaça e os vapores resultantes do cozimento e não ser utilizados ventiladores e equipamentos de condicionamento de ar domésticos na área de manipulação (ABERC, 2008 citado por SOMAVILLA, 2013, p. 113).

2.4.4 Sustentabilidade

Segundo Monteiro (2004, citado por SOMAVILLA, 2013, p. 120)

> Os serviços de alimentação devem procurar produzir quantidades mínimas de lixo, utilizando produtos de fornecedores comprometidos com as questões ambientais, que utilizem embalagens recicláveis ou recarregáveis, além de políticas junto aos usuários para redução do desperdício dos alimentos nas bandejas e a aplicação de normas para o descarte de materiais. [...] O projeto deve prever áreas destinadas ao depósito seletivo do lixo, com adoção em todos os setores de recipientes adequados para a seleção. O material orgânico reciclado adequadamente nas usinas de compostagem pode ser transformado em gás natural ou em adubo para plantações de vegetais orgânicos e, apesar de não existir uma legislação que obrigue a instalação de câmaras refrigeradas para lixo, em uma cozinha verde, o equipamento deve ser considerado para que o processo de reciclagem tenha uma continuidade eficiente. Já para o material passível de reciclagem, uma das práticas usuais é a separação por tipo e o envio para postos de coleta, como as cooperativas de catadores.

2.4.5 Qualidade Estética

Segundo Maricato (2010) pode-se dizer que muitos clientes gostam de estar e ser visto em um ambiente de belos cenários, com cozinhas e serviços típicos de outros países ou regiões, que reproduzem cores, objetos decorativos e itens típicos desses países, como exemplos: restaurantes que utilizam a temática da Itália, Londres, França, Alemanha e etc. Para ele fica claro que a decoração bem elaborada ajudará positivamente o estabelecimento como um todo (

Figura 51).

Figura 51 – Exemplo de decoração de restaurante típico italiano

Fonte: Tipico (2016?)

2.4.6 Ergometria

Segundo Maricato (2010) a distribuição da cozinha deve ser de tal maneira, que caibam todos os equipamentos necessários, sem prejudicar a eficiência e segurança dos funcionários, do modo que eles possam circular sem atrapalhar um ao outro. E sustenta que o projeto deve estar atento à busca de produtividade, qualidade e funcionalidade.

Assim, "as áreas de circulação devem ter no mínimo 1,20m de largura, as áreas de circulação entre os equipamentos

devem ter cerca 0,90m e diante dos caldeirões, 1,20m citado."
(SILVA FILHO, 1996 citado por SOMAVILLA, 2013, p. 112)

Figura 52 – Exemplo de espaçamentos entre planos de trabalho

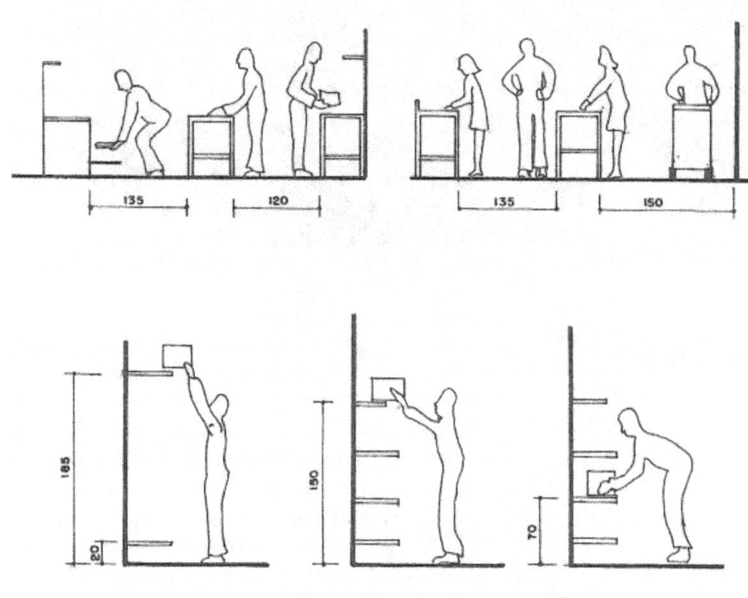

Fonte: Silva Filho (1996, p. 165)

2.4.7 Higiene

Segundo Maricato (2010) a higiene é muito importante
para o sucesso de um restaurante e sua sobrevivência no ramo

alimentício, um estabelecimento limpo e de acordo com as normas sanitárias, ajudará a captar mais clientes e não correrá o risco de descumprimento da lei.

> É desejável que, durante a escolha do local de implantação de um restaurante, busque-se um ambiente longe de possíveis fontes de contaminação e que não ofereçam riscos às condições gerais de higiene e salubridade, como lugares livres de odores, fumaças, mananciais hídricos contaminados e áreas circundantes que ofereçam as condições de proliferação de insetos e roedores (MONTEIRO, 2009 citado por SOMAVILLA, 2013, p. 112)

"A área de preparo do alimento deve ser higienizada quantas vezes forem necessárias, imediatamente após o término do trabalho e não devem ser utilizadas substâncias odorantes ou desodorantes." (ANVISA, 2004).

> As instalações sanitárias e os vestiários não devem ter ligação direta com as áreas de preparo, armazenamento e dos refeitórios, e devem ser mantidos em plena organização e adequado estado de conservação. As portas externas devem ser dotadas de fechamento automático (ANVISA, 2004).

"O estabelecimento deve dispor de recipientes para depósito de resíduos identificados e íntegros, de fácil higienização e transporte, em número e capacidade suficientes para conter os resíduos, os quais devem ser dotados de tampas acionadas sem contato manual." (ANVISA, 2004).

2.4.8 Tecnologia e Inovação

De acordo com Ghobril, Benedetti e Fragoso (2014):

> A receita para as empresas do setor de alimentação é a procura por se distinguir na renhida batalha do mercado globalizado. Isso contém ingredientes clássicos como qualidade total, reengenharia, relação custo-benefício, compromisso com o cliente, etc. Essas ações, embora necessárias, não são mais suficientes para garantir a competitividade e o crescimento. A inovação tornou-se peça chave no setor de alimentação.

Ghobril, Benedetti e Fragoso (2014) relata que a inovação pode ser inserida de várias maneiras em uma restaurante, sendo no processo de cocção, higienização, nos equipamentos, no layout da cozinha, na área de atendimento, e na área de pedido e entrega também.

Segundo Dino (2018) sobre a tecnologia nos restaurantes:

> Na era digital, bares e restaurantes do século XXI investem em aplicativos mobile personalizados, disponibilizando um menu completo com direito a foto dos produtos, promoções, e muito mais para facilitar a vida dos clientes. Para fechar o ciclo dos canais de vendas do Delivery de restaurantes nos dias de hoje, os proprietários precisam estar atentos e utilizar todos os canais existentes e possíveis, seja através do atendimento no local, por telefone ou através de aplicativos mobile exclusivo do seu estabelecimento.

Segundo Maricato (2010, p. 195):

> Defino a tecnologia como o desenvolvimento e aplicação do conhecimento, aperfeiçoando determinadas áreas da atividade humana"[...]"O futuro ficou no passado rapidamente. A evolução acelera, é preciso acompanhá-la, informar-se, atualizar-se, adaptar-se. É adaptar-se ou morrer, cair fora do mercado. (Figura 53)

Figura 53 – Exemplo da tecnologia em restaurantes da china

Fonte: Programa Consumer ([2016?])

2.4.9 Qualidade no atendimento

Maricato (2010) realça a importância de tratar o cliente muito bem, que o bom atendimento ao cliente é necessário em qualquer estabelecimento. Que devesse tratar a pessoa "como um rei", pois se o cliente sair satisfeito, ele retornará e indicará o estabelecimento para mais possíveis clientes. Mas se ele não sentir "atenção, carinho, eficiência, ele não voltará".

Fonte: Sister (2016)

3   OBRAS CORRELATAS

Nessa parte será apresentado a pesquisa de obras correlatas ao tema e projeto do Trabalho Final de Graduação (TFG).

3.1   RESTAURANTE NAU DE BRASÍLIA

Segundo o Archdaily (2015) o edifício Nau foi projetado pela arquiteta Sandra Moura, que anteriormente realizou o projeto do restaurante Mangai, que fica no mesmo terreno á 10m de distância. Dessa maneira, o seu novo projeto (Figura 56) criou uma conexão com o antigo prédio vizinho ao utilizar o aço cortein, material já revestido no elevador do restaurante Mangai (Figura 55).

Figura 55 - Restaurante Mangai e seu elevador revestido em aço

Fonte: Júnior (2008)

Figura 56 – Fachada principal do Restaurante NAU

Fonte: Archdaily (2015)

Figura 57 - Croqui do restaurante NAU

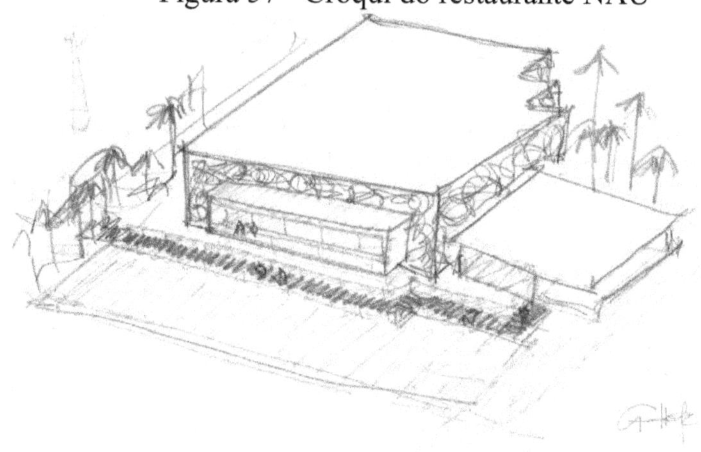

Fonte: Melendez ([201-])

De acordo com Archdaily (2015) sobre o restaurante:

> Ao todo, a unidade brasiliense do Nau – a matriz foi fundada em 2010 em João Pessoa – ocupa mais de 7 mil metros quadrados de área construída, distribuído por três pavimentos. No térreo estão o salão principal, a cozinha e os ambientes de apoio. No subsolo estão estacionamento e equipamentos técnicos. E o andar superior abriga o mezanino e área para eventos.
>
> Quando o restaurante Nau aportou na Capital Federal, no segundo semestre de 2013, desembarcou junto ao lago Paranoá elementos que fazem referências a vida no litoral paraibano. Não ignorou, porém, o mar de concreto que o cerca e lançou âncora na arquitetura institucional da cidade. Nascia, assim, um equipamento com uma missão complexa: harmonizar a presença do mar dentro da concretude brasiliense.

De acordo com Sandra Moura (citado por Archdaily (2015) sobre o restaurante:

> "Criamos um diálogo entre a estrutura de aço corten e o concreto, balanceando com diferentes materiais", revela a arquiteta. "Com esse conceito, o Nau aporta em Brasília com a intenção de levar à capital brasileira um pouco da culinária, da cultura

e das referências da vida no litoral",conclui Sandra Moura.

A baixo tem-se os locais das principais atividades e acessos: no pavimento Térreo (Figura 58), no Mezanino (Figura 59), nos cortes (

Figura 60, Figura 61), e na implantação geral na (Figura 62).

Figura 58 - Planta Baixa térrea e principais atividades e acessos

ilustrados

Fonte: Modificado a partir do Archdaily (2015). Acesso em 01/04/2018

Figura 59 - Planta Baixa Mezanino e principais atividades

ilustrados

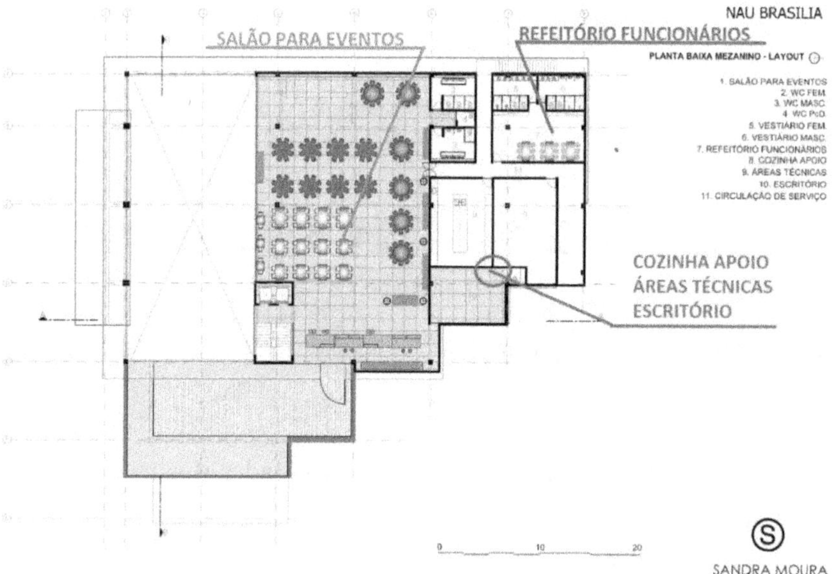

Fonte: Modificado a partir do Archdaily (2015). Acesso em 01/04/2018

Figura 60 - Corte longitudinal com principais atividades

ilustrados

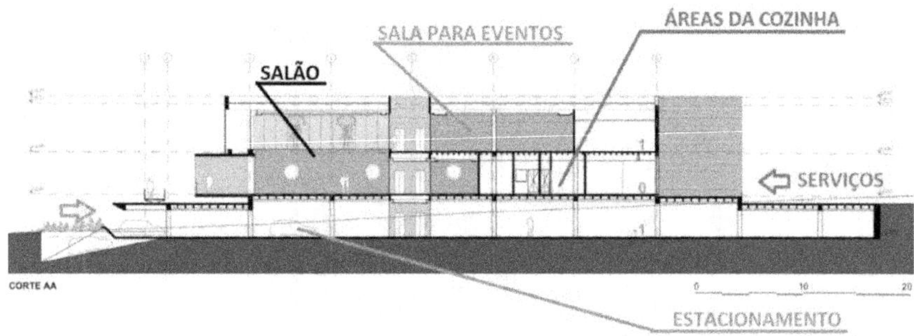

Fonte: Modificado a partir do Archdaily (2015). Acesso em 01/04/2018

Figura 61 - Corte lateral com principais atividades ilustrados

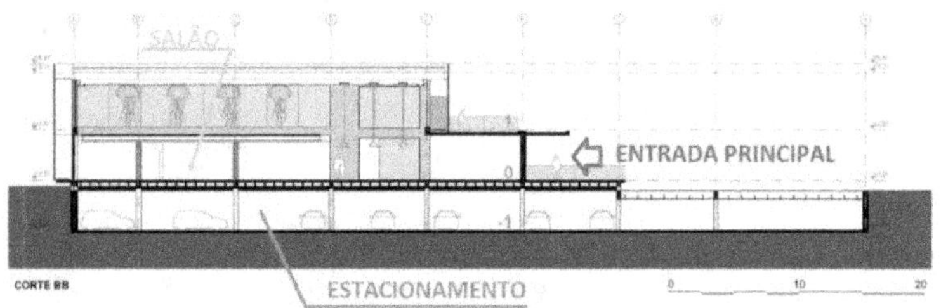

Fonte: Modificado a partir do Archdaily (2015). Acesso em 01/04/2018

Figura 62 - Implantação do NAU

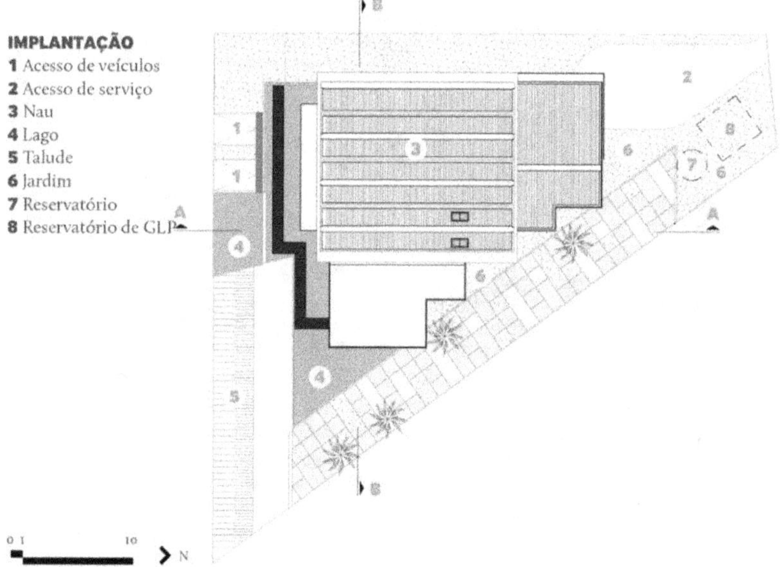

Fonte: Implantação... ([201-])

Segundo MARQUEZ ([201-]) sobre a arquitetura do restaurante NAU:

> "A arquiteta lança dose extra de frescor, em contraponto ao clima seco de Brasília, com a criação de um lago que separa o núcleo do restaurante de uma parte solta, acessada por meio de uma passarela de madeira e aço galvanizado. O acesso convida clientes a visitar as duas estruturas" (Figura 63, Figura 64)

Figura 63 - Lago e Varanda do Restaurante NAU

Fonte: Archdaily (2015)

Figura 64 - Interação estética do aço e concreto da entrada principal

Fonte: Archdaily (2015)

Dentro do restaurante pode-se ver a conexão com elementos do mar, com a utilização de barcos (Figura 65), iluminarias imitando água viva (

Figura 66) e a área externa em vidro com camadas em aço com fissuras, que podem passar luz e criar ambientes exóticos para o cliente. E em relação ao projeto inteiro, fica nítido a boa organização das áreas.

Figura 65 – Área de alimentação do restaurante NAU

Fonte: Archdaily (2015)

Figura 66 - Área de alimentação do Restaurante NAU

Fonte: Archdaily (2015)

Segundo Sandra Moura (citado por MELENDEZ ([201-]) em uma entrevista com a arquiteta que projetou o NAU:

> Sandra informa ainda que foi realizado um estudo da acústica do lugar, utilizando lâminas de madeira junto das janelas, que têm a forma de escotilhas de um barco. "Transformamos a ida ao restaurante numa verdadeira viagem náutica", ela completa. Outra referência ao mar são as ranhuras nas paredes presentes também na unidade paraibana e que procuram emular as escamas de peixes.

Esse projeto mostra o resultado de uma combinação de uma cozinha industrial bem dimensionada com uma arquitetura temática que deixa o ambiente único e desejável para o cliente, além de organizado e eficaz para o trabalhador fazer seu serviço, aspectos que estão presentes na proposta arquitetônica do Restaurante Bar desenvolvido no final do trabalho.

3.2 RESTAURANTE NOAH

Localizado em Brasília (DF), foi arquitetado pelo escritório Mooca Arquitetos Associados, que projetou um restaurante bar moderno com duas entradas. (Figura 67)

Figura 67 - Localização do Restaurante Noah e suas duas entradas

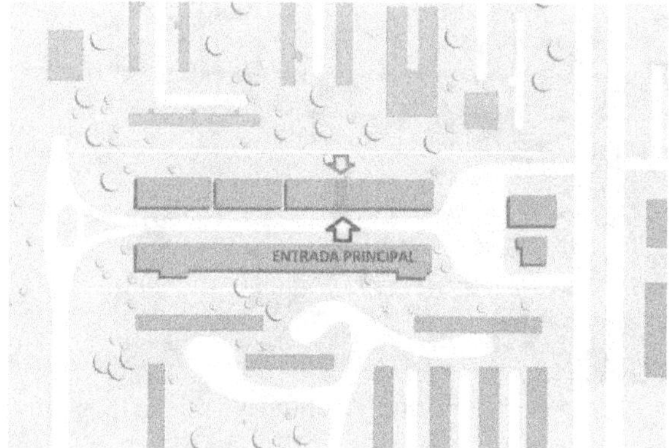

Fonte: Modificado a partir do Archdaily (2017). Acessado em 02/04/2018

De acordo com Archdaily (2017) sobre o Restaurante Noah:

> "Restaurante Noah foi projetado para trazer modernidade e descontração ao comercio local. O projeto foi concebido buscando a criação de um ambiente moderno, jovem e descontraído, com influências industriais, que pudesse agregar restaurante e bar em um espaço confortável e amplo." (Figura 68)

Figura 68 – Imagem do Mezanino do Restaurante Noah

Fonte: Archdaily (2017)

Ainda de acordo com Archdaily (2017) sobre o Restaurante Noah:

> Para a fachada principal do restaurante, voltada para a via de veículos, foi desenvolvida uma composição de painéis metálicos modulares na cor laranja envolvidos por uma tela metálica preta, contrastando com a entrada principal, bastante transparente e convidativa, composta de portas pivotantes em perfil metálico e vidro criando uma fachada marcante no entorno, que desperta a curiosidade do público. (ARCHDAILY, 2017) (Figura 69)

Figura 69 – Fachada Principal do Restaurante Noah

Fonte: Archdaily (2017)

O restaurante se destaca pelo fato de existir outra espécie de fachada e entrada que se diferencia de sua fachada principal (Figura 69), pois segundo Archdaily (2017) na fachada posterior (Figura 71), foi planejado um fechamento em vidro e aço com uma porta que dá acesso para a via interior da superquadra da região de Brasília, desenvolvido por Lucio Costa, é um local com um segundo caminho que tem maior contato com a natureza e os moradores da região, esse espaço é delimitado por estantes metálicas com caixas de madeira onde podem ser colocados vasos de hortaliças e flores, que são melhor referenciados na (Figura 72).

Figura 70 - Restaurante Noah: Entrada principal tirada do Google

Fonte: Modificado a partir do Street View do Google. Acessado em 02/04/2018

Figura 71 - Fachada Posterior do Restaurante

Fonte: Archdaily (2017)

Segundo Angenis (citado por MATUZAKI ([2017?]) sobre o restaurante:

> De acordo com a arquiteta Fernanda de Angelis, a ideia de gerar um acesso na fachada posterior do edifício resgata um conceito proposto por Lúcio Costa – importante arquiteto brasileiro que participou do projeto urbanístico de Brasília

junto de outros profissionais, como Oscar Niemeyer. Costa defendia que os edifícios comerciais de entrequadras deveriam ter acesso principal originalmente voltado para a área residencial.[...] A influência de Lúcio Costa resultou em duas entradas distintas: a frontal orientada para a rua na qual instalam-se outros comércios; e a posterior aberta tanto para a vegetação quanto para a zona residencial do bairro.

Figura 72 - Interação da fachada posterior do Restaurante Noah

Fonte: Archdaily (2017)

Segundo o Abravidro (2017) a ideia do projeto foi trazer modernidade e inovação para o comercio local, através da elaboração de um espaço moderno, jovem e descontraído. Dessa maneira, a utilização do vidro foi ideal, como o exemplo das portas pivotantes envidraçada que desperta curiosidade no público. E a fachada posterior que tem uma parede e telhado em aço e vidro, como mostrado na (Figura 73).

Figura 73 - Parede e um pedaço do telhado em vidro e aço

Fonte: Abravidro (2017)

Sobre os ambientes interno do Restaurante Noah:

Além da varanda, o restaurante possui internamente três ambientes: Salão, Lounge e Mezanino. A área do salão fica próxima ao acesso principal e funciona como espaço para refeições e ambiente de bar, onde os clientes podem se acomodar no balcão. A área de Lounge foi projetada para ser um espaço mais descontraído, contando com espaço para DJ e apresentações de música ao vivo. O Mezanino é a área mais reservada do restaurante que acomoda mesas para eventos e comemorações com maior número de convidados. (ARCHDAILY, 2017)

O Salão é representado com a legenda 1, o Lounge com a legenda 5 e Mezanino com a legenda 10 na imagem da (Figura 74, Figura 75, Figura 76, Figura 77)

Figura 74 - Planta Térrea e ilustração de acessos

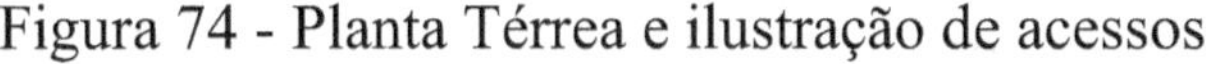

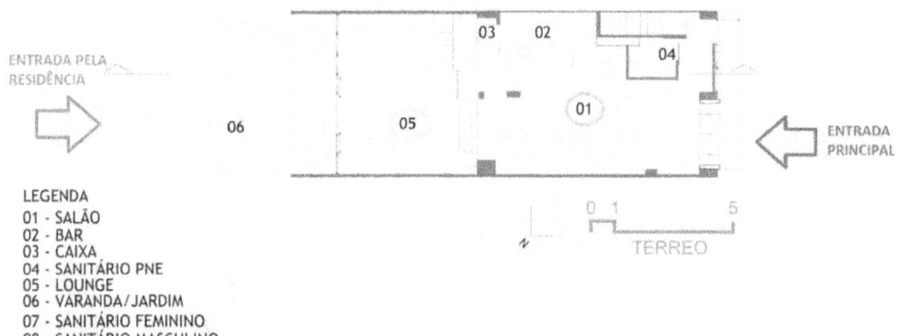

Fonte: Modificado a partir do Archdaily (2017). Acesso em 01/04/2018

Figura 75 – Salão do Restaurante Noah

Fonte: Archdaily (2017)

Figura 76 - Lounge do Restaurante Noah

Fonte: Archdaily (2017)

Figura 77 - Planta do Mezanino

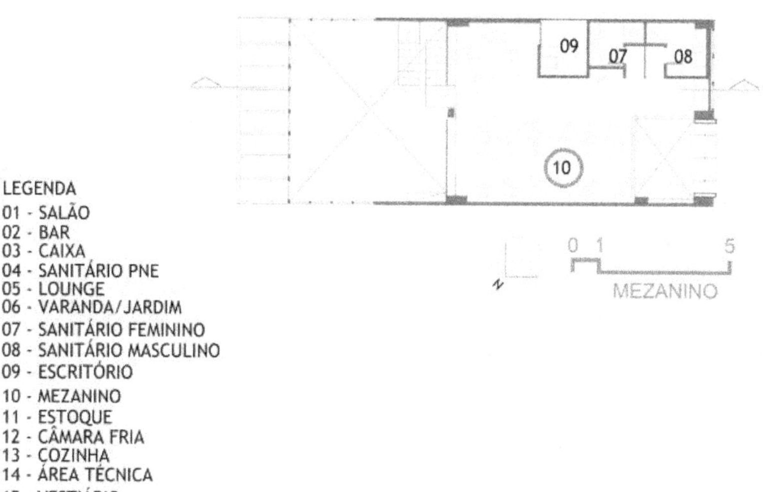

Fonte: Modificado a partir do Archdaily (2017). Acesso em 01/04/2018

A área de cocção do restaurante Noah e seu estoque fica no subsolo, junto com uma pequena câmara fria identificada como o número 12 na (Figura 78). No corte da (Figura 79) mostra com ilustrações as duas entradas do restaurante Noah e a localização da cozinha.

Figura 78 - Planta do Subsolo

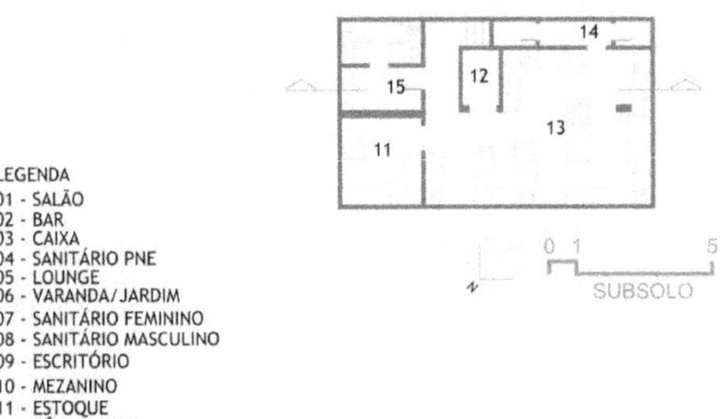

Fonte: Modificado a partir do Archdaily (2017). Acesso em 01/04/2018

Figura 79 - Corte com identificação e acessos ilustrados

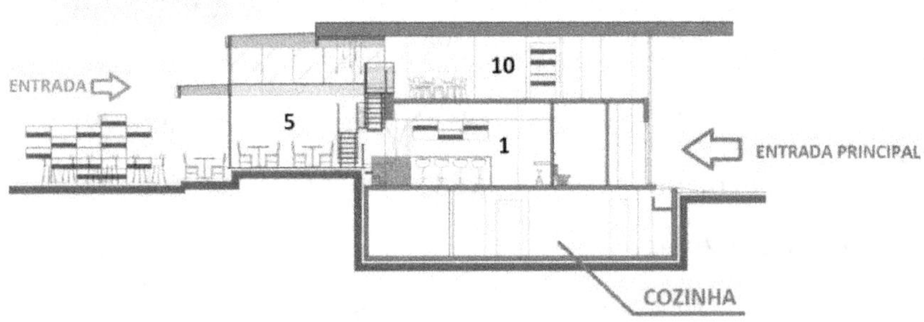

Fonte: Modificado a partir do Archdaily (2017). Acesso em 01/04/2018

Por fim, o Restaurante Noah é um restaurante compacto e eficiente, qual soube aproveitar muito bem o terreno e a parte externa disponível, pois distribuiu o programa de necessidades por 3 andares, qual deixou um lugar que poderia ser pequeno e apertado em um local com espaço considerado amplo. O projeto foi um modelo a ser seguido na solução ao projeto do Restaurante Bar que será apresentado no final do trabalho, qual utiliza a mesma dinâmica e aproveitamento das funcionalidades, e onde a cozinha também ficou no subsolo.

3.3   FAST FOOD MCDONALD'S DE COOLSINGEL

O restaurante é localizado na cidade de Roterdã dos Países Baixos, na rua Coolsingel 44 (Figura 80). Segundo MEI ([2017?]) o McDonald's chamou a empresa Mei architects para a reconstrução de um novo restaurante no lugar do antigo (Figura 81). O novo projeto após a construção, ganhou diversos prêmios importantes como o Iconic Awards 2015, German Design Award 2016, e foi candidato ao BNA Best Building of the Year 2015 e ARC15 Detail Award. (

Figura 82, Figura 83,
    Figura 84)

Segundo Archdaily (2015) sobre o novo restaurante do McDonald's:

> Após um período de construção muito rápido de somente alguns meses, uma nova edificação é inserida no coração de Rotterdam. O escritório Mei architects é o responsável pelo projeto da nova franquia da rede McDonald's. O antigo local preexistente, foi votado uma vez como o edifício mais feio de Rotterdam e não refletia os desejos e ambições da empresa e da cidade.

Figura 80 - Localização do Restaurante

Fonte: Modificado a partir do Mei ([2017?]).Acesso em 02/04/2018

Figura 81 - Antigo Restaurante do McDonald's
na Coolsingel

Fonte: Modificado a partir do Mei ([2017?]). Acesso em 02/04/2018

Figura 82 – Imagem 1 do Restaurante do McDonald's

Fonte: Archdaily (2015)

Figura 83 – Imagem 2 do Restaurante McDonald's

Fonte: Mcdonald's de coolsingel ([201-])

Figura 84 - Imagem 3 do Restaurante McDonald's

Fonte: Archdaily (2015)

Segundo Archdaily (2015) o projeto se tornou um
elemento de boas-vindas para a cidade, com um papel de não
obstruir a visão do prédio histórico atrás, destacado na (Figura
83) e do lado direito na (

Figura 84), o projeto se torno se o mais compacto
possível e com elementos que passa muita transparência.

Como o McDonald's está aberto dia e noite
(24h) sua aparência noturna é um fator
importante. Durante o dia, o edifício
convida os consumidores, enquanto durante
à noite se ilumina para atrair os noctívagos.
A envolvente está perfurada com aberturas
em forma de coração para formar um 'véu'
envidraçado al redor do edifício através do
qual brilha a iluminação. Esta pele continua
nas paredes e tetos interiores. Com a
aplicação de diversos graus de perfuração, a
fachada representa uma multidão de pessoas
em Coolsingel. Deste modo, o novo
McDonald's foi construído para os cidadãos
de Roterdam, que agora possuem uma razão
a mais para estarem orgulhosos da sua
cidade. (ARCHDAILY, 2015) (Figura 85,
Figura 86)

138

Figura 85 - Fachada de frente para o prédio Histórico

Fonte: Archdaily (2015)

Figura 86 - Fachada de frente para o prédio Histórico à noite

Fonte: Archdaily (2015)

O prédio tem a área de cocção e o hall de atendimento no térreo conforme a (Figura 87), qual o cliente pode ser atendido e se direcionar para o primeiro pavimento através da uma escada caracol, e chegar aonde fica a praça de alimentação, a área técnica e os sanitários conforme a (Figura 88).

Figura 87 - Planta Baixa térrea

Fonte: Modificado a partir do Archdaily (2015). Acesso em 02/04/2018

Figura 88 - Planta Baixa Primeiro Pavimento

Fonte: Modificado a partir do Archdaily (2015). Acesso em 02/04/2018

Figura 89 – Área interna do Restaurante

Fonte: Archdaily (2015)

Sobre a estrutura, o estabelecimento foi construído com perfis de aço e pilares de aço, com abundância de vidro nos fechamentos, pode-se ver na figura (Figura 89, Figura 90).

Figura 90 - Estrutura do Prédio

Fonte: Archdaily (2015)

Esse restaurante tem-se uma estrutura esteticamente leve e aparência simples, e o que chama atenção e também foi usado no projeto do restaurante bar disponível no final do trabalho, é a existência de muito vidro nas partes externas do prédio, assim sendo transparente, e dando uma visão interessante para fora e um ambiente claro para dentro do projeto.

3.4   VISITA TÉCNICA

Nessa parte será apresentado a pesquisa "in loco" em um restaurante, ou seja, será visitado um restaurante para uma análise geral, com o objetivo de identificar os tópicos estudados nesse presente trabalho.

3.4.1   The One Sports Bar & Grill

O Restaurante escolhido foi o The One Sports Bar & Grill, que é localizado na cidade de Bauru, na rua Alameda Dr. Octávio Pinheiro Brisolla, número 1759, Vila Universitária. Local posicionado em uma área entre a Av. Getúlio Vargas e Av. Nações unidas da cidade (Figura 91), perto do Aeroclube de Bauru, onde a linha azul representa a rua descrita e o quadrado vermelho, a localização do restaurante (Figura 92).

Figura 91 – Localização de longe do The One Sports Bar...

Fonte: Modificado a partir do Google Earth. Acesso em 09/05/2018

Figura 92 – Localização de perto do The One Sports Bar...

Fonte: Modificado a partir do Google Earth. Acesso em 09/05/2018

The One Sports Bar & Grill já existe a quatro anos, seu surgimento veio da necessidade da criação de um bar ao estilo americano, com pratos, ambientes internos e atividades típicos da américa (Figura 93). Dessa forma, o estabelecimento focalizou na transmissão dos jogos esportivos das principais ligas e campeonatos internacionais e nacionais, como principalmente: o Super Bow e a Champions league, programações assistidas pelos inúmeros televisores espalhados pelo local (Figura 94).

Figura 93 – Pratos típicos americano

Fonte: The One... (2018)

Figura 94 – Ambiente interno do Restaurante

Fonte: Acervo Pessoal (2018)

Em relação a arquitetura externa do Restaurante, é destacável a utilização de uma arquitetura moderna, pois explora a utilização do concreto e vidro na criação de formas geométricas simples, como a fachada para da rua Alameda, que lembra um retângulo em cima de outro retângulo, sendo que o retângulo superior, é maior que o inferior, o que evidencia a uma pequena área em balanço.

O espaço em balanço é bem utilizado com a colocação de uma rampa de acesso para deficiente do lado direito da imagem, e criação de um pequeno espaço frontal extra, utilizado atualmente como ambiente de descanso das pessoas que passarem pela calçada e acham conveniente utilizarem os mobiliários feitos de madeira para descansar. (Figura 95)

Figura 95 – Fachada do Restaurante

Fonte: Acervo Pessoal (2018)

Outro aspecto interessante, é o grande fechamento de vidro que se destaca no andar superior, e que consegue disponibilizar uma ampla visão da rua, no sentido cliente olhando para fora. Ganhando destaque pelo fato de não haver um pilar na ponta do fechamento de vidro, qual causa a impressão de leveza e evita a obstrução da visão (Figura 96).

Figura 96 – Visão interna do fechamento de Vidro superior

Fonte: Acervo Pessoal (2018)

Em relação ao ambiente interno, o The One conta com a interação dos dois andares através de um mezanino que é a praça de alimentação (Figura 97). E é notável o destaque da viga interna exposta, que sustenta a parte superior do edifício e entra como parte importante da aparência do ambiente (Figura 98).

Figura 97 – Praça de alimentação e mezanino do The One

Fonte: Acervo Pessoal (2018)

Figura 98 – A viga aparente e a praça de alimentação do The one

Fonte: Acervo Pessoal (2018)

O restaurante conta com a recepção e caixa no térreo, cercado por balcões e estantes de madeira como visto no canto direito da (Figura 98). E tem-se banheiros para o público no térreo e no ambiente superior.

A cozinha do edifício, localizado no andar superior (Figura 99), tem um dimensionamento pequeno para a função, sendo um espaço apertado para as atividades na ilha de cocção e acessos aos utensílios e equipamentos da cozinha, além de não contar com uma câmara fria e nem lugar adequado para lixo,

No subsolo, é localizado a sala de Higiene (Figura 100), que pelo fato da distância dela até a cozinha, fica notável as dificuldades na conexão das atividades relacionadas a limpeza e devolução dos pratos, quais são pioradas pelo caminho estreito, principalmente na escada (Figura 101), assim ocasionando problemas na funcionalidade do local e choque de fluxo entre funcionários da limpeza e garçons. Também é visto que a Sala de Higiene é muito pequena e poderia ser melhor dimensionada se utilizasse a parte posterior dela, que atualmente é utilizado para deposito de entulho, como relatado na (Figura 100).

Figura 99 - Cozinha

Fonte: Acervo Pessoal (2018)

Figura 100 – Sala de Higiene no Subsolo e deposito atrás

Fonte: Acervo Pessoal (2018)

Figura 101 – Escada do subsolo

Fonte: Acervo Pessoal (2018)

Também é visto que no andar superior (Figura 102), fica a área do bar do restaurante, local com diversas bebidas, bancos, mesas, estantes e balcões, posicionados de uma maneira que o cliente possa assistir os jogos nas televisões e beber durante o processo, e sobre esses moveis, a grande maioria é feito de madeira, e tem aparência rustica e temática dos bares dos

Estados Unidos, assim causando uma boa interação com o local moderno.

Figura 102 – Ambiente superior do Restaurante

Fonte: Acervo Pessoal (2018)

4 CIDADE DE SANTA CRUZ DO RIO PARDO

"Segundo informações do livro Memórias de José Magalli Ferreira Junqueira, a história de Santa Cruz do Rio Pardo se inicia quando José Theodoro de Souza, Joaquim Manuel de Andrade e Manoel Francisco Soares desbravavam o Sertão do Paranapanema." (PREFEITURA DE SANTA CRUZ DO RIO PARDO, [2018?])

Uma grande cruz plantada às margens de um pardacento rio, iluminada, à noite, com tochas e velas, para espantar os índios, daria origem ao nome do nascente lugarejo e futura cidade: Santa Cruz do Rio Pardo. Daquela época em diante, o povoado traçaria um itinerário de lutas e conquistas, tornando-se Distrito em 1872, município em 1876, comarca em 1884 e, finalmente, cidade em 1906. (PREFEITURA DE SANTA CRUZ DO RIO PARDO, [2018?])

"Nos primeiros anos do século transformara-se em grande exportadora de café, tendo a Estrada de Ferro Sorocabana como sua principal artéria de vitalidade econômica e, na década de 40, Santa Cruz do Rio Pardo então se tornar a maior produtora de alfafa do Estado de São Paulo." (PREFEITURA DE SANTA CRUZ DO RIO PARDO, [2018?])

Ao longo de décadas, o município sempre foi sinônimo de pioneirismo. Sob o comando de Leônidas Camarinha, interventor nomeado por Getúlio Vargas até o fim da chamada "república velha", Santa Cruz ganhou admiração do Estado ao se transformar na primeira cidade a ganhar pavimentação asfáltica no interior de São Paulo. Foi, também, um símbolo ecológico

> numa época em que este tema não empolgava, com suas ruas totalmente arborizadas. Era um dos poucos municípios a ter sistema completo de água esgoto. (JORNAL DEBATE, [21--])

Atualmente a cidade segundo a Prefeitura de Santa Cruz do Rio Pardo ([2018?]):

> [...] A cidade é o 4º Pólo calçadista do Estado de São Paulo, com mais de 30 fábricas de calçados. O município possui também um Pólo Cerealista, sendo o maior beneficiador de arroz do estado de São Paulo. A produção corresponde a cerca de 25% do consumo de arroz do Estado.
>
> Santa Cruz vem se destacando na indústria alimentícia através da fabricação de pão de alho, ração para cães e gatos e molhos de pimenta. O comércio gastronômico na cidade também se destaca. Com muitos restaurantes, lanchonetes e pizzarias, a vida noturna não é tão pacata quanto se imagina de uma cidade de interior. [...]

O município é situado no Estado de São Paulo, perto da divisa com o Paraná (Figura 103), estando no meio de uma zona que tem cidades como: Assis, Bauru e Ourinhos a sua volta

(Figura 104), e segundo a Prefeitura de Santa Cruz do Rio Pardo ([2018?]), o município engloba uma área de 1 114,984 km² com população estimada de 46 633 habitantes em 2015.

Figura 103 – Localização de Santa Cruz do Rio Pardo

Fonte: Modificado a partir do Google Earth. Acesso em 18/04/2018

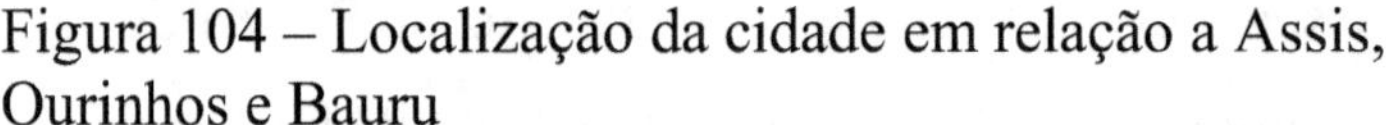

Figura 104 – Localização da cidade em relação a Assis, Ourinhos e Bauru

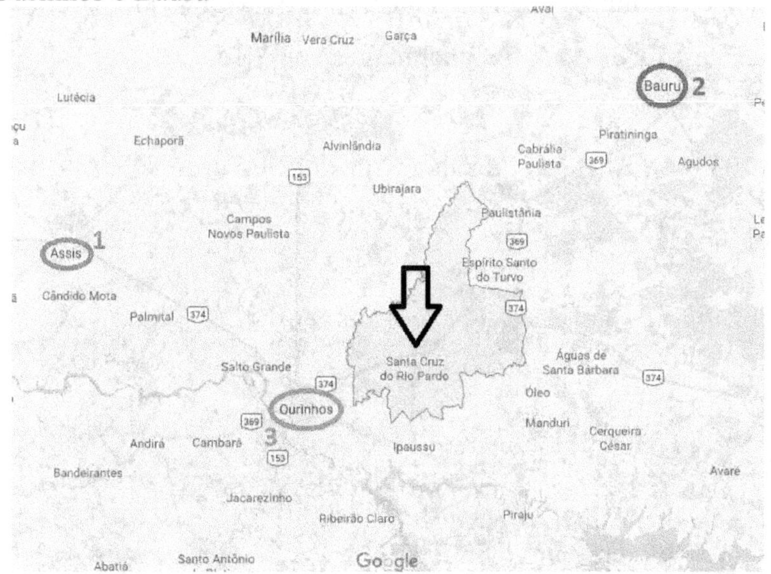

Fonte: Modificado a partir do Google Maps. Acesso em 20/04/2018

5   ANÁLISE DO ENTORNO

Figura 105 - Localização do Bairro Vila Sideria na Cidade

Fonte: Modificado a partir do Google Earth. Acesso em 20/04/2018

O bairro em que o local da intervenção está inserido é a
Vila Sideria, que está em vermelho na imagem a cima, é
localizado perto do centro principal da cidade, que está em azul
na imagem a cima. (

Figura 105)

5.1   ACESSOS E FLUXOS NO ENTORNO DO TERRENO

A Vila Sideria recebe uma avenida principal da cidade, área que passa a ser considerado centro pelo o número de comércios que foram existindo nessa via, essas informações são melhores abordadas nos tópicos seguintes.

Considerado o mapa a ser observado (

Figura 106), é visível rotas importantes ao primeiro plano para quem vem de cidades vizinhas, sendo a Rodovia Orlando Quagliato que conecta Ourinhos-Santa Cruz do Rio Pardo com a ajuda da via de acesso Palácio Lorenzeti, tem-se a Rodovia Eng. João Batista Cabral Rénno que ajuda a conectar a cidade com Ipaussu no sentido sul e a Bauru no sentido norte (Figura 104). E consta a Avenida Jesus Gonçalves que ajuda conecta a cidade com Bernardino de Campos no sentido leste. E as outras vias destacadas, ajudam ter acesso as vias principais da cidade, como a Av. Doutor Pedro Camarinha, Rua Mal. Bitencourt, Av. Joaquim de Souza Santos, Av Tiradentes, Av Doutor Francisco de Paula Abreu Sodré, Av. Pedro Catalano destacado na imagem (

Figura 106).

Figura 106 – Localização do terreno na cidade e vias de acessos principais

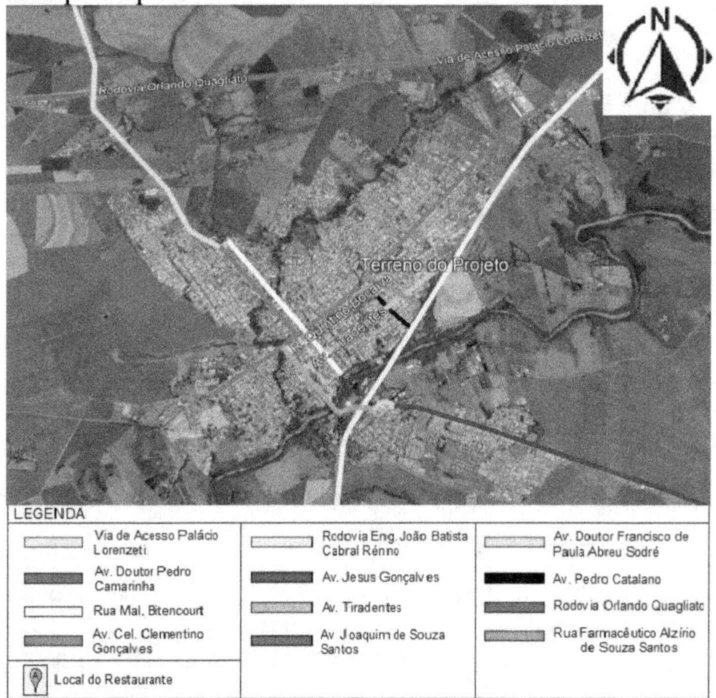

Fonte: Modificado a partir do Google Earth. Acesso em 20/04/2018

Dentre as vias destacadas na (

Figura 106), podem-se analisar que existe vários caminhos para acessar a área do "Terreno do Projeto" destacado na imagem, que fica na avenida Cel. Clementino Gonçalves, uma das avenidas principais que atravessa a cidade de um lado para o outro e conecta vários pontos importantes, assim o local pode-se ser considerado adequado para um projeto comercial. A localização fica melhor nítido em relação aos seus acessos na (Figura 107), onde o terreno está em vermelho com um círculo azul.

Através da (Figura 107, Figura 108), a área que o projeto será inserido, apresenta fluxo intenso, qual vai diminuindo conforme se distanciam das Avenida: Clementino Gonçalves, Av. Joaquim de Souza Campos e Av. Tiradentes, consideradas de fluxo de alta intensidade, ou seja, diminui-se gradualmente de fluxo alto para fluxos baixo, estabilizando quando chega nas áreas consideradas residenciais, descrito na (Figura 109,Figura 110).

Figura 107 – Mapa de Localização, intensidade e direção dos

fluxos

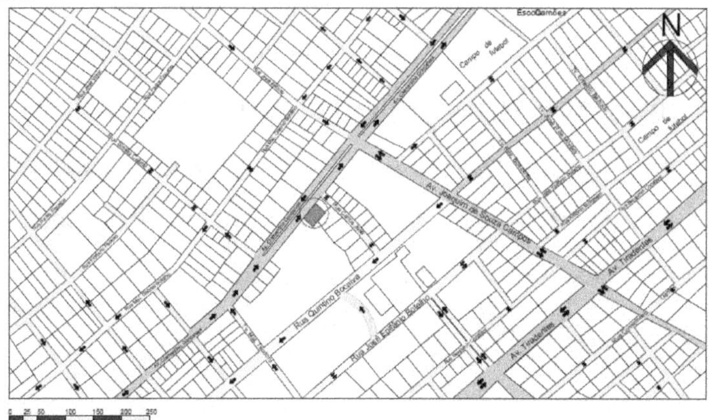

Fonte: Elaborado pelo autor

Figura 108 – Legenda de Fluxos

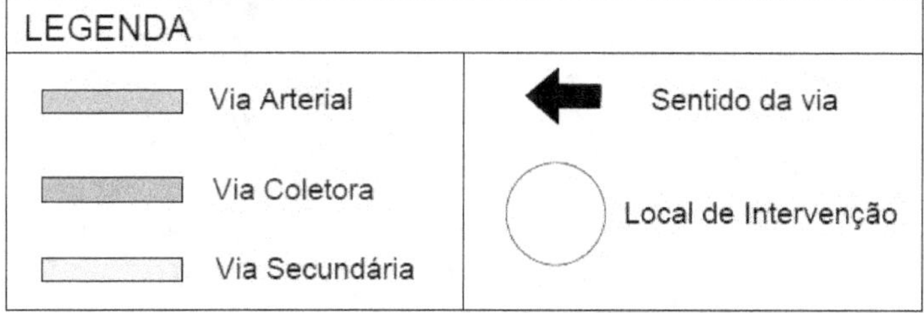

Fonte: Elaborado pelo autor

5.2 USO E OCUPAÇÃO DO SOLO

O bairro em que o projeto será realizado, ficará em um local com vários núcleos institucionais, perto de interseções de avenidas relevantes para o escoamento viário da cidade, e em frente a pequenos aglomerados comerciais posicionados nas avenidas. E levando em consideração toda a área analisada, é percebido a predominância residencial na periferia do mapa, e o a alto número de uso e ocupação para comércios e instituições na Av Clementino Gonçalves, que pertence a rua onde o projeto será inserido, destacado na figura em vermelho com um círculo azul em volta. (Figura 109, Figura 110)

Figura 109 – Mapa de Uso e Ocupação

Fonte: Elaborado pelo autor

Figura 110 – Legenda do Mapa de Uso e Ocupação

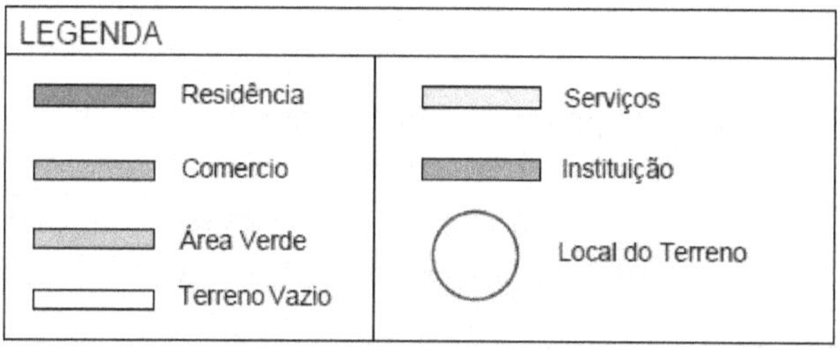

LEGENDA

Residência	Serviços	
Comercio	Instituição	
Área Verde	Local do Terreno	
Terreno Vazio		

Fonte: Elaborado pelo autor

5.2.1 Leis de Zoneamento

Dentro da lei complementar, n° 316, de 10 de outubro de 2006, a área está inserida dentro da Zona Consolidada (Z1), zona que segundo o Art. 24, apresenta principalmente característica de: boa-infraestrutura instalada, sistema viário consolidado, boa oferta de serviços públicos e privados, predominância de áreas de uso misto compostos principalmente pelo uso habitacional, uso de comércio e serviços, e uso institucional.

Em vista das leis de zoneamento da cidade, a rua Cel. Clementino Gonçalves, onde o terreno está localizado, foi denominada como Z1. Dentro desta seção pode-se identificar que as orientações de construção do Restaurante Bar estão adequadas ao local, sendo assim, não há restrições para a implantação do projeto.

Em vista que o projeto precisa respeitar a Taxa de Ocupação definida em 70%, o Coeficiente de Aproveitamento básico equivalente a 1 e o máximo equivalente a 2, e a Taxa de Permeabilidade equivalente a 15%.

5.3 ELEMENTOS AMBIENTAIS DO ENTORNO E LOCALIZAÇÃO

Em relação ao gabarito da área estudada, na (
Figura 111, Figura 112), pode-se perceber a grande dominância de construções de somente 1 pavimento, e percebe-se que as áreas que tem 2 pavimentos ficam localizadas em frente as avenidas principais, assim em comparação com o Mapa de uso e ocupação do solo (Figura 109), é destacado a maior ocorrência de prédios de 2 andares em edifícios comerciais. Já vazios urbanos, só é visto uma ocorrência, que expressa a boa ocupação da área.

Quanto aos equipamentos urbanos, e pelo fato da grande quantidade de instituições e avenidas, tem-se vários pontos de orelhões, faixas de pedestre para a população, duas bancas de jornais e um ponto de ônibus, e pelo fato do fluxo intenso da região, foi necessário dois pontos de sinaleiros para ajudar com o transito (Figura 110,

Figura 111).

Em relação as áreas verdes e árvores, a área é bem suprida, com grandes números de árvores em cada rua, sendo elas grandes ou pequenas, tem-se ainda vários campos de futebol e uma grande praça com muitas árvores (

Figura 111).

Levando em consideração que o Restaurante Bar sé tornará um ponto referencial para a cidade, pode-se concluir que o projeto terá certa influência na movimentação de pessoas no local, podendo assim, a mobilidade do entorno ser afetada pelo aumento da rotatividade de automóveis e ônibus públicos (Figura 107, Figura 108, Figura 109, Figura 110,

Figura 111, Figura 112).

Figura 111 – Mapa de Gabarito, equipamentos urbanos e

visadas.

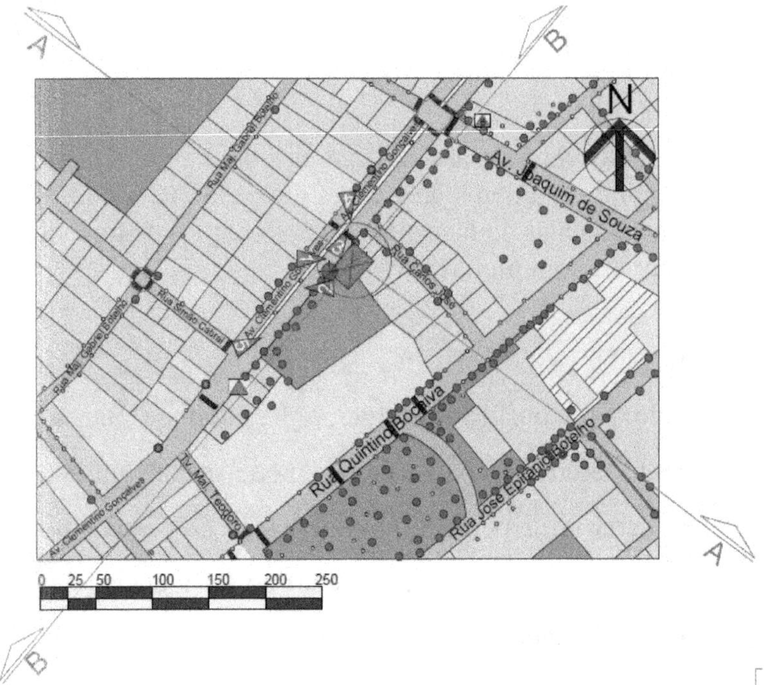

Fonte: Elaborado pelo autor

Figura 112 – Legenda do Mapa de Gabarito, equipamentos urbanos e visadas

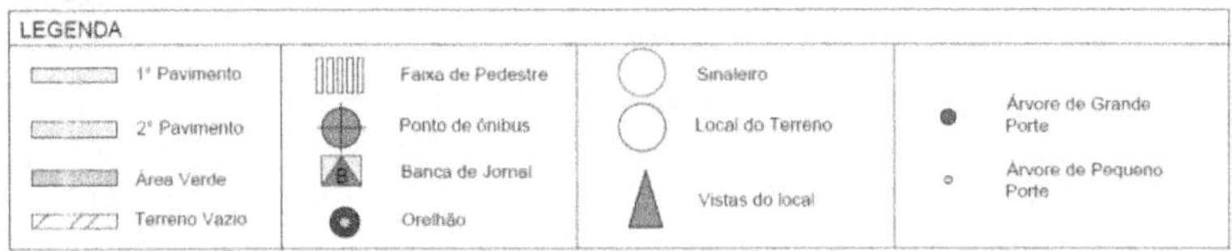

Fonte: Elaborado pelo autor

Figura 113 - Vista 1

Fonte: Acervo Pessoal (2018)

Figura 114 - Vista 2

Fonte: Acervo Pessoal (2018)

Figura 115 - Vista 3

Fonte: Acervo Pessoal (2018)

Figura 116 - Vista 4

Fonte: Acervo Pessoal (2018)

Figura 117 - Vista 5

Fonte: Acervo Pessoal (2018)

A análise relatada, é também vista nas imagens do mapa de visadas, que mostra o local da intervenção e seu entorno, localizado na avenida Clementino Gonçalves (Figura 113, Figura 114, Figura 115, Figura 116, Figura 117).

Os cortes topográficos abordado a baixo na (Figura 118, Figura 119, Figura 120, Figura 121) mostra a situação do terreno em relação a todo a área, o terreno aparece em um quadrado azul e em uma seta vermelha, e se pode perceber que no Corte BB (Figura 118, Figura 119), a região tem características de ser plana, e no Corte AA (Figura 120, Figura 121), também pode ser considerada plana, porém é mais inclinada que a outra.

As informações sobre a topografia, são melhores representadas pelas imagens (Figura 119, Figura 121), retiradas do Google Earth na mesma posição dos cortes topográficos.

Figura 118 – Corte topográfico BB

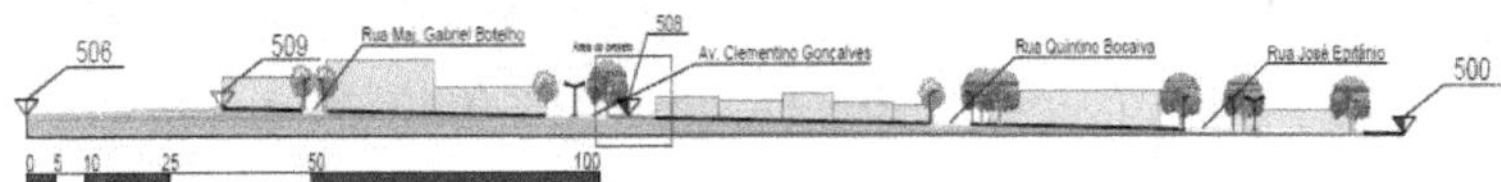

Fonte: Elaborado pelo autor

Figura 119 – Representação real do corte topográfico BB

Fonte: Modificado a partir do Google Earth. Acesso em 20/04/2018

Figura 120 – Corte topográfico AA

Fonte: Elaborado pelo autor

Figura 121 – Representação real do corte topográfico AA

Fonte: Modificado a partir do Google Earth. Acesso em 20/04/2018

5.3.1 Terreno

O local do projeto (Figura 122) é a pequena área em vermelho, que fica de frente a Av. Clementino Gonçalves e perto da Rua Carlos José. O terreno (Figura 123) apresenta uma área de 755,41 m² e dimensões aproximadas de um retângulo: 23,25m x 33,15m. E sua posição em relação ao norte, fica de uma maneira, que a fachada fica no lado oeste, e receberá o sol mais intenso durante a parte da tarde

Figura 122 – Local da intervenção

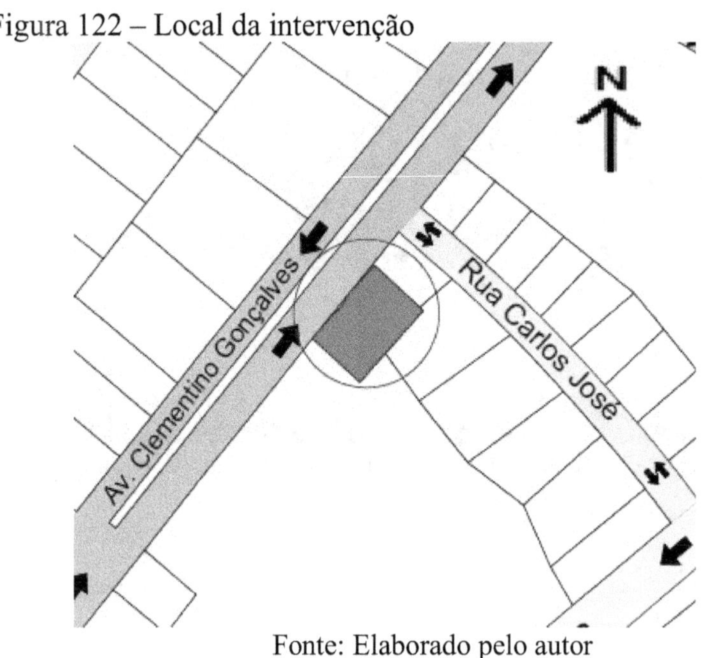

Fonte: Elaborado pelo autor

Figura 123 - Mapa da área com

dimensões e

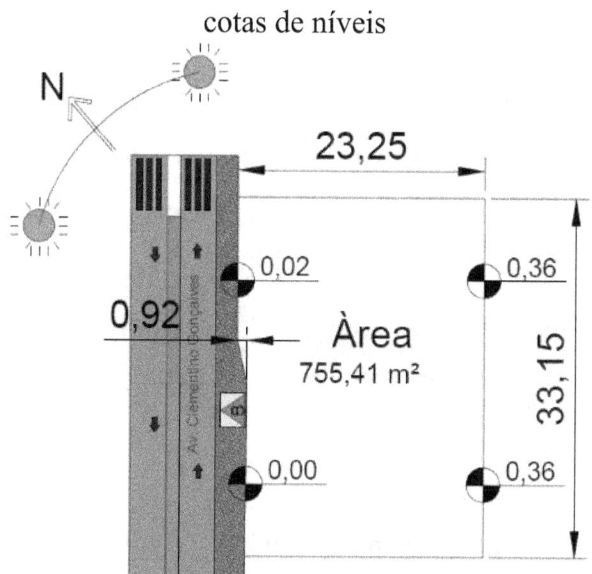

Fonte: Elaborado pelo autor

6   PROPOSTA ARQUITETÔNICA

Essa parte apresentará a proposta arquitetônica, partido arquitetônico, modelo de restaurante bar escolhido, programa de necessidades e macrozoneamento, assim representando o resultado obtido com o estudo e análise das referências bibliográficas e visitas técnicas realizadas.

6.1   TIPO DO RESTAURANTE

O Restaurante Bar se encaixa a um ambiente pub, servindo aperitivos e jantares durante as tardes e noites do dia a dia, horário que o restaurante ficará aberto, também conta com um local para assistir jogos de futebol e balcões para beber, terá características de um ambiente tipo "Grill-Room", já que a especialidade da casa será refeições com carne grelhada e flambada.

Fora o atendimento tradicional, o estabelecimento evidenciará a preocupação com a "qualidade de vida do cliente", com utilização de "alimentos saudáveis" e de qualidade, assim também atrairá um público que se preocupa com a saúde e com a estética, assunto muito discutido no século XXI. E dessa maneira, contará com diversas receitas de pratos saudáveis com alto teor de proteína e vitaminas, grandes variedades de sucos e bebidas com álcool e até sem álcool. Sempre a evitar produtos que podem prejudicar o organismo humano de alguma forma, como: agrotóxicos, conservantes, gorduras em excesso etc.

Para isso, o Restaurante Bar necessita ser projetado de uma forma que sempre mostrará para o cliente exatamente o que ele está comendo, como foi feito e aonde foi produzido, irá trazer opções que ajude ele comer algo saudável e bom, e contará sempre com a apresentação de tabelas nutricionais e transparência de informações. Dessa forma, a arquitetura com um contato peculiar a natureza, com a colocação de uma árvore dentro do prédio e com o uso de bastante vidro, facilitará a percepção dos valores da empresa, e fortalecerá a fidelização do futuro cliente.

6.2   PARTIDO ARQUITETÔNICO

Disposto a melhorar o entretenimento dos cidadãos da cidade de Santa Cruz do Rio Pardo, proporcionar turismo para a cidade e apresentar um ambiente moderno e sofisticado que uma cidade do interior precisa para animar as tardes e as noites do dia a dia.

O projeto do Restaurante Bar proporcionará lazer de qualidade a população. Fará com que as pessoas percebam e admirem a fachada externa do edifício comercial durante uma passagem pela Avenida Clementino Gonçalves, e que desperte o desejo de querer estar no interior do edifício.

Dessa forma, a escolha do lugar do Restaurante Bar foi muito importante, pois o projeto ficará em frente a uma avenida movimentada que passará uma grande quantidade de pessoas todos os dias. Além de ser de fácil acesso tanto para o cidadão da cidade quanto para a o da região.

A proposta arquitetônica foi idealizada com a utilização de conceitos do modernismo e de funcionalidade, em combinação com traços de transparência, inovação e conforto. Concepções consideradas de grande importância para se condizer com o tipo de restaurante Bar previsto.

Assim, sua fachada terá a utilização de formas geométricas simples como retângulos e quadrados, utilizará materiais como concreto, aço e vidro, e uma estrutura de pilotis que sustentará a parte do prédio em balanço, elementos que passará a ter o objetivo de chamar a atenção positivamente das pessoas ao passarem pelo local. E consequentemente com seus enormes vidros, despertará o desejo do observador em querer conhecer a parte de dentro do edifício.

Na questão interna, o prédio conta com ambientes diferenciados, como: mezanino, jardim interno que envolve mais de um andar e conta com uma árvore, praça de alimentação em balanço com ampla visão para fora, área para o bar e a sala para assistir jogos. E na questão externa, tem-se ainda uma mini praça com bancos e um espelho d'agua para envolver socialmente os clientes, visitantes ou moradores da região e um estacionamento.

Em relação ao terreno de 755,41 m², foi necessário dividir as funções em três andares para melhor se adaptar ao conforto dos clientes e melhor eficiência dos trabalhadores, sendo que a cozinha passará a ser localizada no subsolo, onde terá mecanismos tecnológicos como: elevadores de pratos, elevadores de cargas e elevadores de lixos, para que se possa realizar uma melhor conexão com todos os ambientes do restaurante. A baixo se encontra o croqui que apresenta os detalhes elaborados. (Figura 124)

Figura 124 – Croqui da Fachada

Fonte: Elaborado pelo autor

6.3 PROGRAMA DE NECESSIDADES

Nessa parte, serão apresentados o programa de necessidades através da tabela (Figura 125), que mostrará as funções, quantidades e áreas em m² de todos os ambientes do projeto.

Figura 125 – Tabela com o Programa de

Necessidades

Cor	Numero	Função	Quantidade	Àrea (m²)
	1	Cozinha e área de preparação	1	43.74 m²
	2	Recepção e Higienização de Utensílios	1	11.16 m²
	3	Higienização de Utensílios do Refeitório	2	12.5 m²
	4	Vestiário	1	7.5 m²
	5	Banheiro de serviço	1	5.25 m²
	6	Refeitório de serviço	1	6.00 m²
	7	Controle e Administração	2	15.24 m²
	8	Recepção e pré lavagem	1	19.86 m²
	9	Despensa Seca	1	17.87 m²
	10	Despensa Fria	1	12.80 m²
	11	Caixa	1	4.16 m²
	12	Banheiro	2	21.00 m²
	13	Sala do Chef / Nutricionista	1	5.25 m²
	14	Circulação	1	13.82 m²
	15	Refeitório	2	153.63 m²
	16	Câmera para Lixo	2	4.50 m²
	17	Atendimento e Bar	2	39.03 m²
	18	Jardim interno com uma árvore	2	15.00 m²
	19	Àrea para assistir jogos	1	22.75 m²
	20	Mezanino	1	9.92 m²
	21	Espelho D'Àgua	1	22.22 m²
	22	Àrea para acústico artistico	1	4.90 m²
	23	Via de acesso para serviço	1	41.25 m²
	24	Escada	3	27.74 m²
	24	Jardim externo com bancos	3	27.74 m²

Fonte: Elaborado pelo autor

6.4   MACROZONEAMENTO E VOLUMETRIA.

Essa secção exibirá um pré-dimensionamento do anteprojeto a ser criado, com seu plano de massas com os seguintes usos e conexões, e o layout volumétrico pré-definido.

A baixo (Figura 126) foi desenvolvido um fluxograma para entendimento do funcionamento do Restaurante Bar, assim o esquema mostra a comunicação de todos os ambientes durante o percurso: "Acesso Principal – Acesso Serviço" identificado mais a baixo na (Figura 127).

Figura 126 – Fluxograma do Restaurante Bar

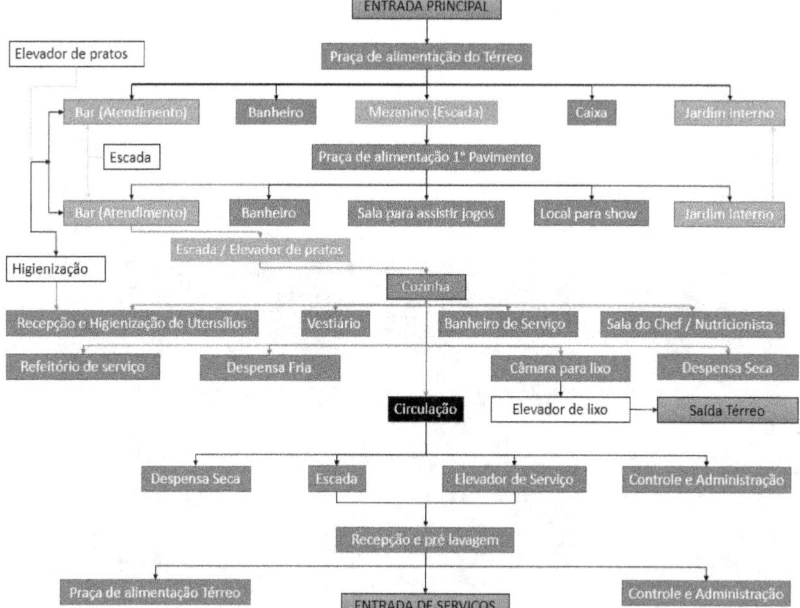

Fonte: Elaborado pelo autor

6.4.1 Macrozoneamento

Foram criadas duas entradas de acesso na Av. Clementino Gonçalves, sendo que uma é destinada para pedestres e outra para acesso de serviço. E foi pensado uma pequena praça na frente do projeto com bancos e um espelho d'água, e criado um jardim interno fechado e envolvido por um quadrado de vidro. (Figura 127, Figura 128)

Figura 127 – Planta Térrea

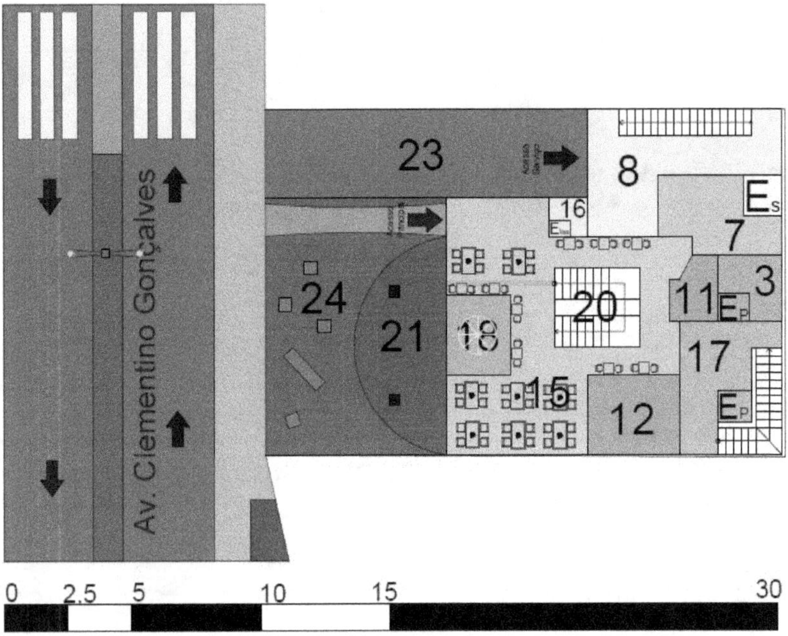

Fonte: Elaborado pelo autor

Figura 128 – Legenda de todas as plantas do macrozoneamento

Legenda		
Mobiliário Urbano	Mobiliário do projeto	Vegetação
Poste de Iluminação	Bancos ao ar livre	Árvore de Médio Porte
Faixa de Pedestre	E_{lixo} Elevador de lixo	
Ponto de Ônibus	E_P Elevador de pratos	
Sentido da Via	E_s Elevador de serviço	

Fonte: Elaborado pelo autor

Para abrigar todas as funções do restaurante e obter um maior aproveitamento do terreno, foi necessário dividir as atividades em outros dois andares, no subsolo e no primeiro pavimento. (Figura 128, Figura 129, Figura 130)

Figura 129 – Planta Primeiro Pavimento

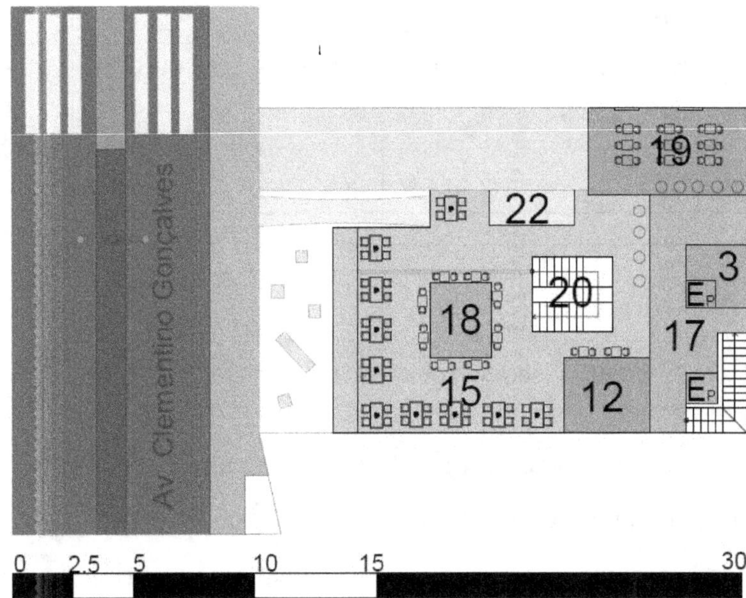

Fonte: Elaborado pelo autor

Figura 130 - Planta Subsolo

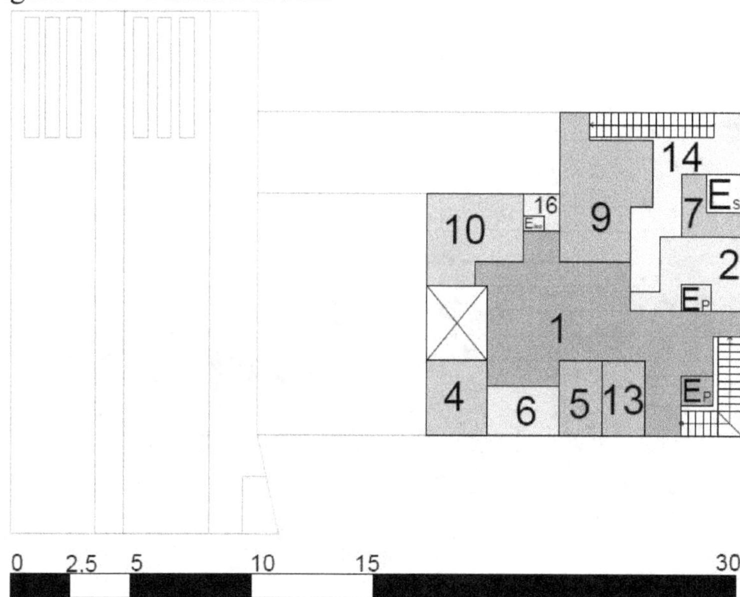

Fonte: Elaborado pelo autor

6.4.2 Volumetria

A proposta visa a combinação de aço, concreto e vidro e a interação de um jardim interno fechado com vidro, que interage com a fachada e todo o ambiente do restaurante (Figura 131, Figura 132).

Figura 131 – Volumetria 1

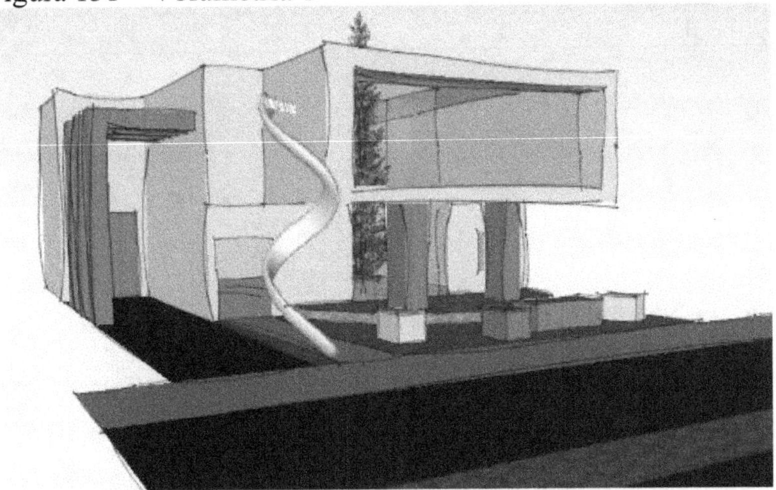

Fonte: Elaborado pelo autor

Figura 132 – Volumetria 2

Fonte: Elaborado pelo autor

7 ANTEPROJETO

Para a finalização do desenvolvimento do projeto apresentado, foi realizada uma etapa de anteprojeto, onde se pode obter uma maior definição arquitetônica do Restaurante Bar.

Durante esta etapa ocorreram modificações as quais foram necessárias para uma melhor resolução projetual, com a inclusão dos layouts dos moveis e equipamentos, foi possível definir a fundo o espaço necessário para cada atividade dentro do Restaurante e resolver a configuração da planta a partir disto.

Dentre as maiores modificações foi uma pequena ampliação da área construtiva e a inclusão de um estacionamento, e seguindo a ordem, a primeira foi para que houvesse entrada de luz natural tanto no subsolo quanto nos outros andares, e a segunda foi visando a comodidade do cliente e melhoramento do trânsito.

Por fim, a dimensão real foi estabelecida no anteprojeto, assim como o sistema estrutural, pensando sempre na necessidade da edificação, na sua aparência e sua eficácia de modo geral (

Figura 133 á Figura 160).

Figura 133 - Programa de Necessidades e Legendas –
Anteprojeto

NUMERO	ÁREA	DIMENSÕES	DADOS TECNICOS
1	Cozinha e área de preparação	54,54 m²	---------------
2	Recepção e Higienização de Utensílios	21.71 m²	Tem-se o elevador
3	Vestiário	8,18 m²	------------
4	Banheiro de serviço	13,09 m²	Acessibilidade
5	Refeitório de serviço	9,74 m²	------------
6	Controle e Administração	12,96 m²	------------
7	Recepção e pré lavagem	24,10 m²	Tem-se o elevador
8	Despensa Seca	6,57 m²	------------
9	Despensa Fria	15,12 m²	------------
10	Caixa	1,82 m²	Pequeno balcão
11	Banheiro	45,10 m²	Acessibilidade
12	Sala do Chef / Nutricionista	9,87 m²	------------
13	Circulação	49,85 m²	------------
14	Refeitório	277,90 m²	Lotação: 106 pessoas
15	Câmera para Lixo	2,94 m²	Tem-se o elevador
16	Atendimento e Bar	49,85 m²	
17	Jardim interno inicio térreo	13,64 m²	Com abertura externa
18	Jardim interno inicio subsolo	36,44 m²	Com abertura externa
19	Área extra / Outras utilidades Futuras	6,51 m²	------------
20	Deposito e Area do Shaft	7,13 m²	Passagem interna
21	Ambiente externo para acesso de luz	8,39 m²	------------
22	Varanda Externa com vegetação	8,20 m²	------------
23	Jardim externo	93,72 m²	------------
24	Estacionamento	245,09 m²	9 Vagas
25	Via de acesso para serviço	36,60 m²	------------
26	Espelho D'Àgua	16,95 m²	Altura de 20 cm
27	Circulação externa	71,36 m²	------------
E	Elevador Acessível	5,40 m²	------------
El	Elevador de Lixo	------------	------------
Ec	Elevador de Carga / Serviço	4,48 m²	------------
Ep	Elevador de pratos	2,94 m²	Pratos Sujo/Prontos
O	Ponto de Ônibus	18,86 m²	Parte do terreno
Em	Escada Mezanino	------------	20 Espelho de 17cm
AJ	Àrea para assistir jogos	------------	Com 3 televisores
Es	Escada de Serviço	------------	19 Espelh. (1 de 16cm)
	Bancos ao ar Livre	------------	------------
	Sentido da Via	------------	------------

Fonte: Elaborado pelo autor

Figura 134 - Tabela de Esquadria – Anteprojeto

CODIGO	TIPO	LARGURA	ALTURA	PARAPEITO	MATERIAL	Qtd.
	TABELA DE ESQUADRIA					
J1	Janela de Correr 2 Folhas	2,00 m	0,70 m	2,00 m	Alumínio e Vidro	2
J2	Janela de Correr 2 Folhas	1,00 m	0,70 m	2,00 m	Alumínio e Vidro	3
J3	Janela de Correr 2 Folhas	3,00 m	0,80 m	1,90 m	Alumínio e Vidro	1
J4	Janela de Correr 2 Folhas	2,00 m	0,80 m	1,90 m	Alumínio e Vidro	1
J5	Janela de vidro Fechada	0,70 m	1,50 m	1,00 m	Alumínio e Vidro	1
J6	Janela de Correr 2 Folhas	1,20 m	0,80 m	1,80 m	Alumínio e Vidro	1
J7	Janela de Correr 2 Folhas	0,80 m	0,80 m	1,80 m	Alumínio e Vidro	2
J8	Janela de Correr 2 Folhas	0,50 m	0,80 m	1,80 m	Alumínio e Vidro	1
J9	Janela de Correr 2 Folhas	1,00 m	1,70 m	0,70 m	Alumínio e Vidro	1
J10	Conj. de 4 janelas de 4 Folhas	7,50 m	1,20 m	1,10 m	Alumínio e Vidro	1
J11	Janela de Correr 4 Folhas	2,00 m	1,20 m	1,10 m	Alumínio e Vidro	4
J12	Janela de Correr 4 Folhas	1,60 m	1,20 m	1,10 m	Alumínio e Vidro	2
J13	Janela de vidro Basculante	0,60 m	0,80 m	1,70 m	Alumínio e Vidro	2
J14	Janela de vidro Basculante	1,00 m	0,80 m	1,70 m	Alumínio e Vidro	2
J15	Janela de vidro Fechada	6,00 m	1,50 m	1,00 m	Alumínio e Vidro	1
J16	Janela de vidro Fechada	2,82 m	2,80 m	0,00 m	Alumínio e Vidro	---
J17	Janela de vidro Basculante	0,60 m	0,70 m	1,80 m	Alumínio e Vidro	8
J18	Janela de vidro Basculante	1,00 m	1,20 m	1,10 m	Alumínio e Vidro	1
J19	Janela de vidro Fechada	2,85 m	1,50 m	1,00 m	Alumínio e Vidro	1
J20	Janela de vidro Fechada	8,20 m	2,80 m	0,00 m	Alumínio e Vidro	1
J21	Janela de vidro Fechada	9,00 m	1,50 m	1,00 m	Alumínio e Vidro	1
P1	Porta tamanho padrão	0,80 m	2,10 m	----------	Alumínio Branca	22
P2	Porta	0,70 m	2,10 m	----------	Alumínio Branca	12
P3	Porta	0,90 m	2,10 m	----------	Alumínio Branca	1
P4	Porta	1,00 m	2,10 m	----------	Alumínio Branca	3
P5	Porta Específica para ambiente gelado	1,00 m	2,10 m	----------	Aço	2
P6	Porta de Entrada 2 Folhas	1,50 m	2,10 m	----------	Alumínio e Vidro	1
P7	Porta de Correr 2 Folhas	1,70 m	2,10 m	----------	Alumínio e Vidro	1
P8	Porta de Correr interna (Eletrônica)	1,00 m	2,10 m	----------	Alumínio Branca	1
P9	Porta para ambiente de Lixo 2 Folhas	1,00 m	2,10 m	----------	Aço	1
P10	Porta de Enrolar (Industrial)	1,50 m	2,10 m	----------	Aço	1
P11	Porta 2 Folhas	0,80 m	2,10 m	----------	Alumínio Branca	2

Fonte: Elaborado pelo autor

Figura 135 - Tabela de Paisagismo e Áreas

	TABELA DE PAISAGISMO						
TIP.	COD.	VEGETAÇÃO	PORTE	ALTURA	COPA	ESPÉCIE	Qtd.
	1	Árbusto	Pequeno	2 m	0,80 m	*Buxos Sempervirens*	3
	2	Palmeira	Pequeno	3 m	4 m	*Phoenix Roebelinii*	6
	3	Palmeira	Pequeno	4,5 m	1,20 m	*Dypsis Lutescens*	3
	4	Árvore	Medio	10 m	2 m	*Podocarpus macrophyllus*	1
	5	Grama		0,02 m		*Zoysia japonica*	---

QUADRO DE ÁREAS (M²) DO TERRENO	ÁREA TOTAL: 755,41M²		
	Área M²	Áreas Consideradas	
PAVIMENTO SUBSOLO	271,50		
PAVIMENTO. TÉRREO	240,00	T.O	I.A
PAVIMENTO SUPERIOR	273,77		
TOTAL A CONSTRUIR	785,27	273,77	785,27
AREA PERMEÁVEL = 44,85%	338,81		
T.O = 36,24% C.A = 1,039			

Fonte: Elaborado pelo autorFigura 136 - Implantação

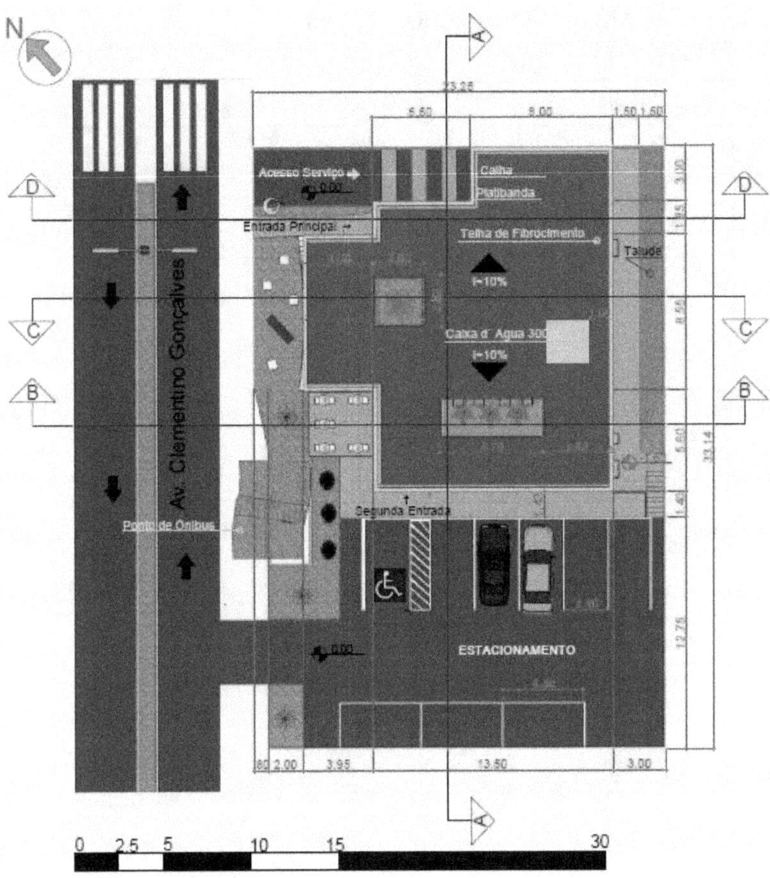

Fonte: Elaborado pelo autor

Figura 137 - Pavimento Térreo

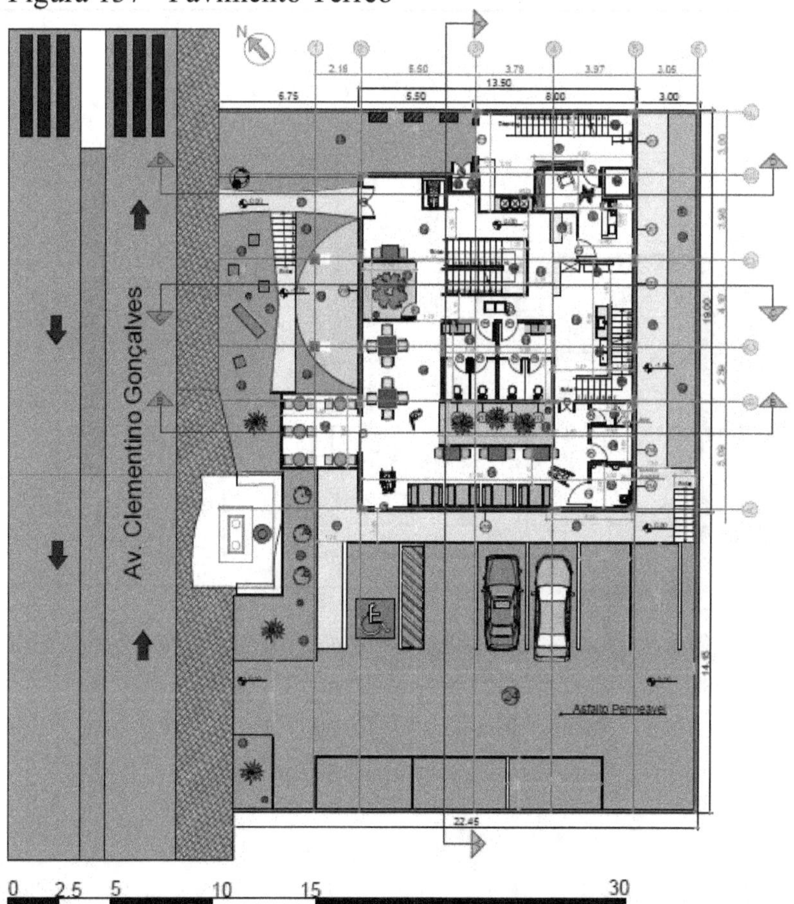

Fonte: Elaborado pelo autor

Figura 138 - Subsolo

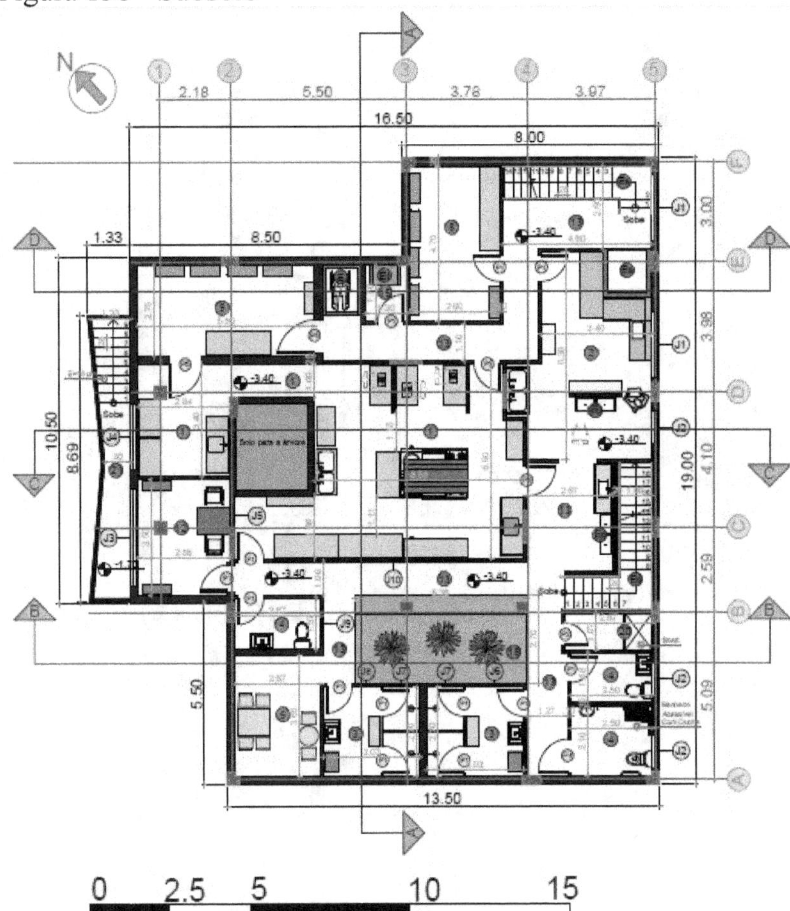

Fonte: Elaborado pelo autor

Figura 139 - Pavimento 1° Andar

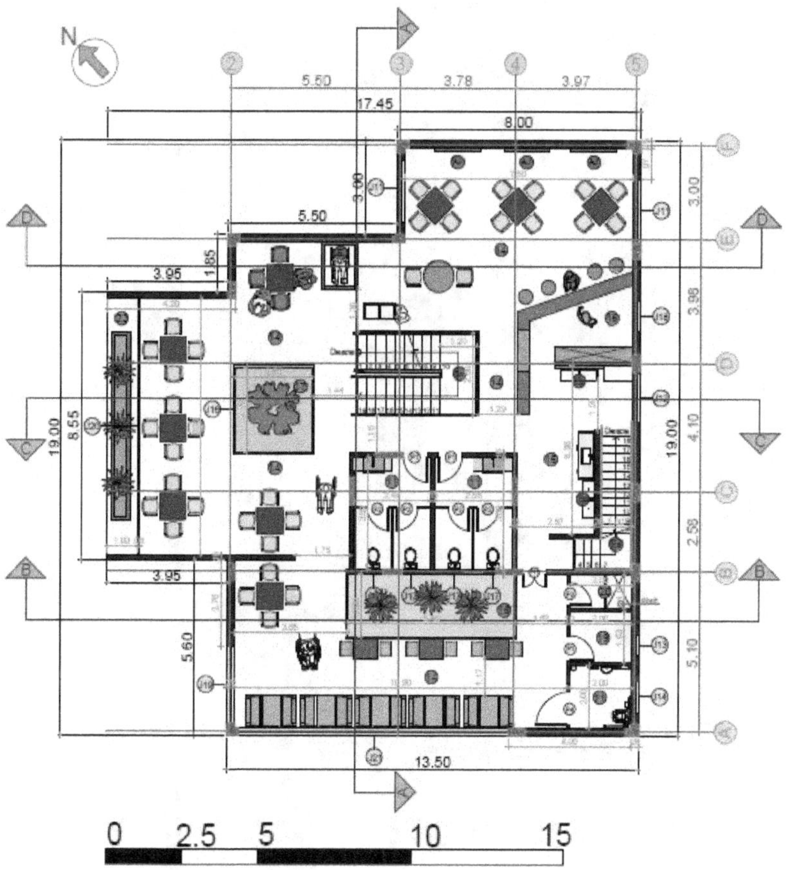

Fonte: Elaborado pelo autor

Figura 140 - Corte AA

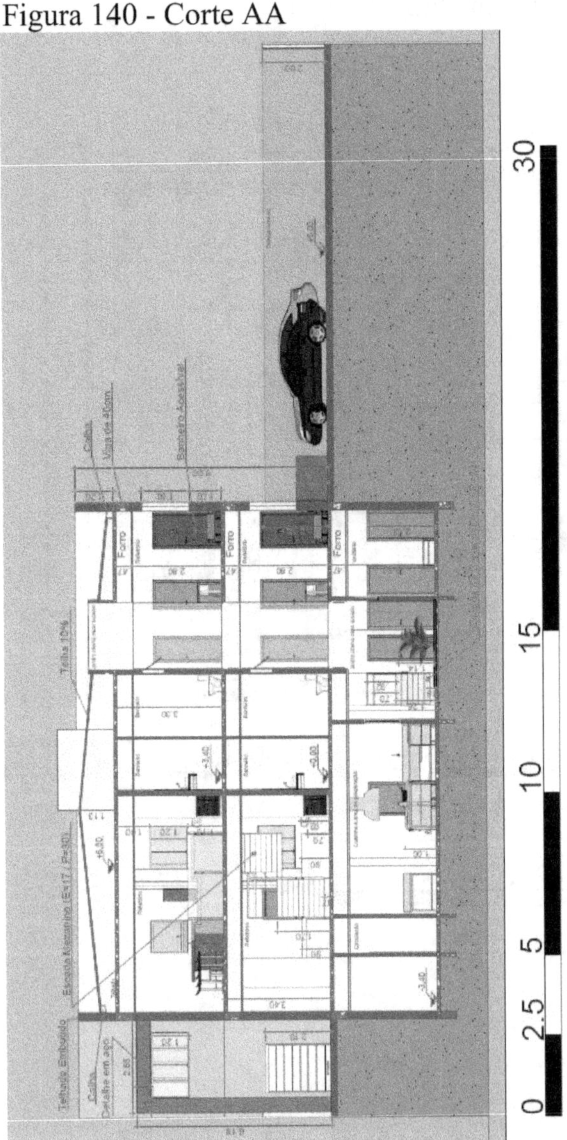

Fonte: Elaborado pelo autor

Figura 141 - Corte BB

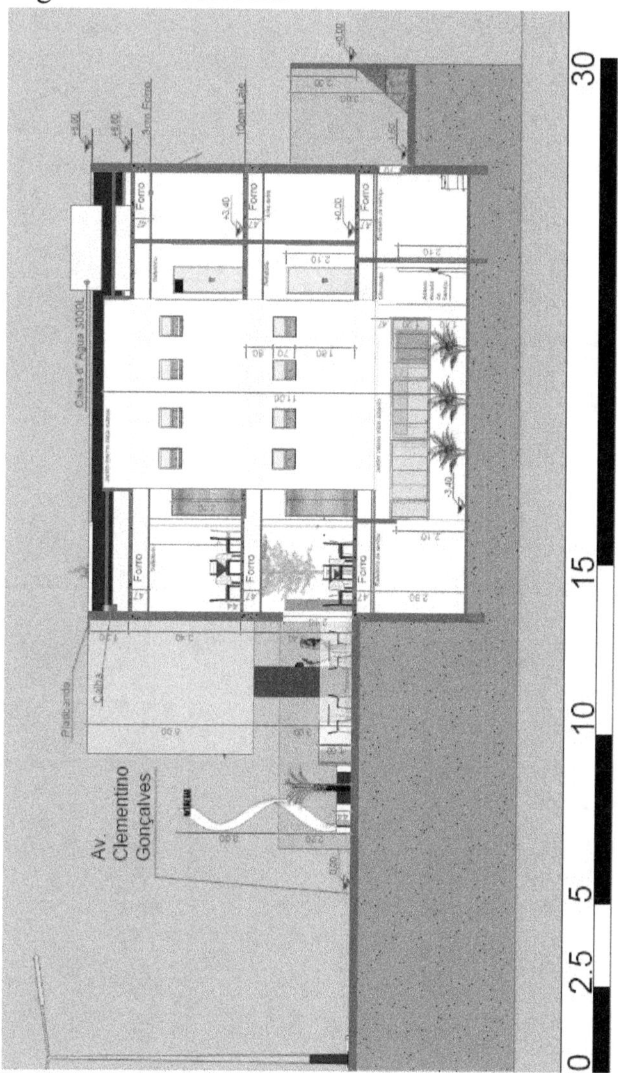

Fonte: Elaborado pelo autor

Figura 142 - Corte CC

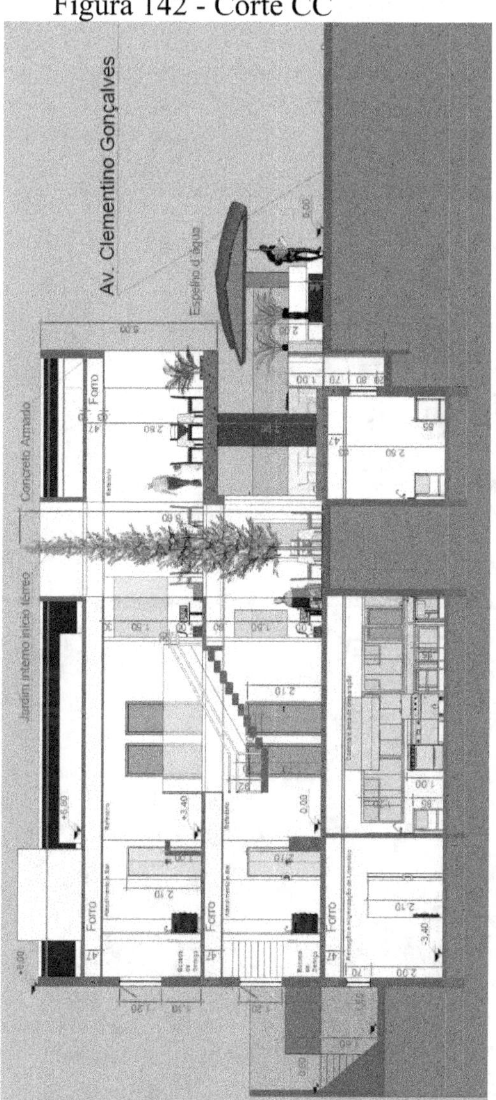

Fonte: Elaborado pelo autor

Figura 143 - Corte DD

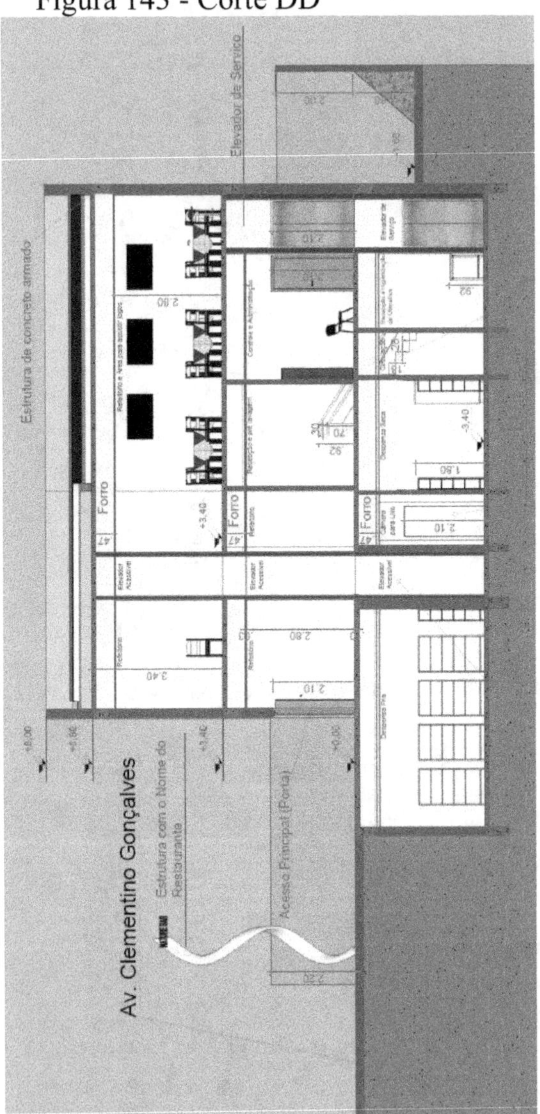

Fonte: Elaborado pelo autor

Figura 144 - Elevação 1

Fonte: Elaborado pelo autor

Figura 145 - Elevação 2

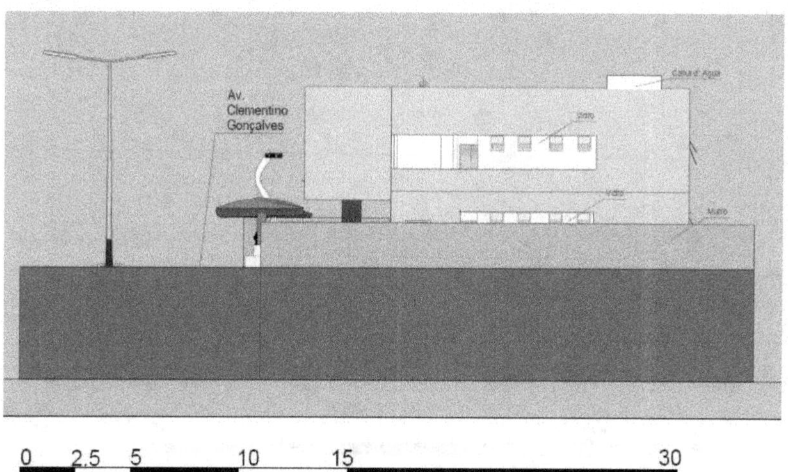

Fonte: Elaborado pelo autor

Figura 146 - Elevação 3

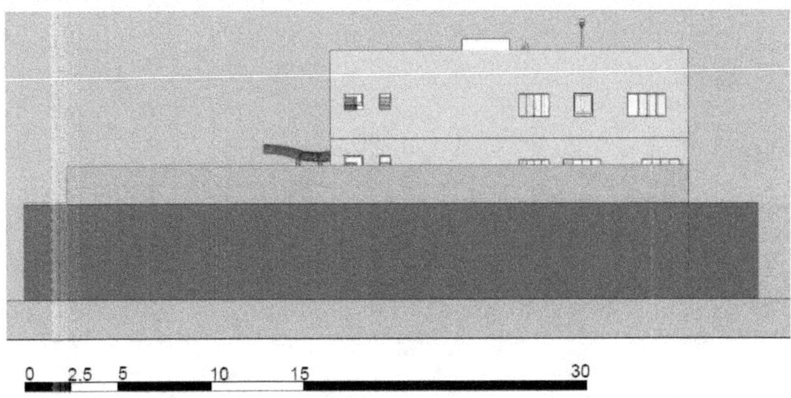

Fonte: Elaborado pelo autor

Figura 147 - Elevação 4

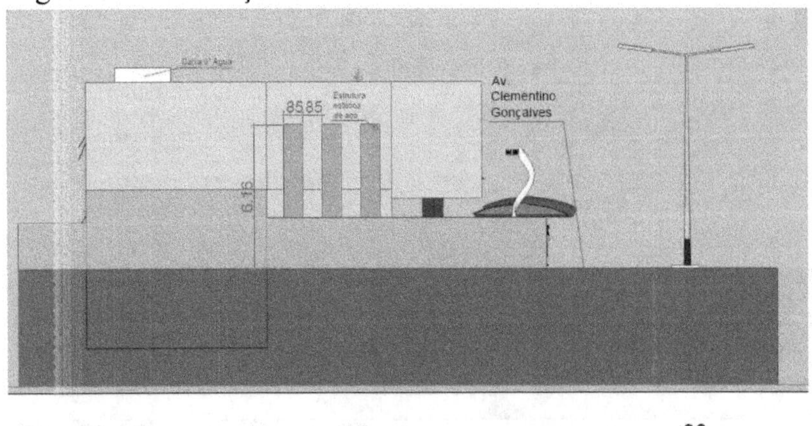

Fonte: Elaborado pelo autor

Figura 148 - Detalhe 1

Fonte: Elaborado pelo autor

Figura 149 - Detalhe 2

Fonte: Elaborado pelo autor

Figura 150 - Detalhe 3

Fonte: Elaborado pelo autor

Figura 151 - Detalhe 4

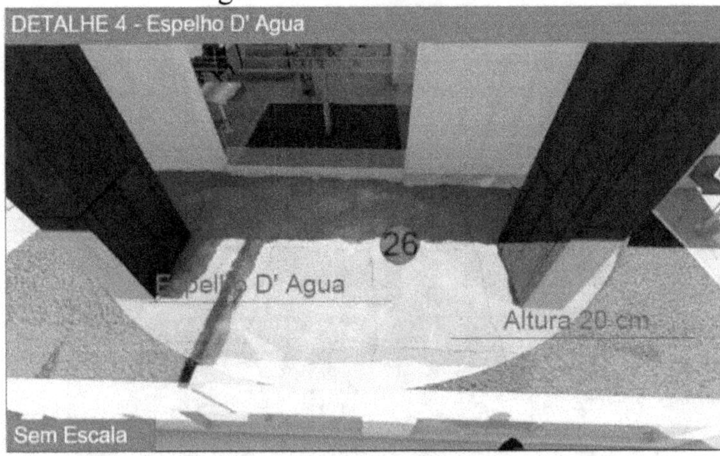

Fonte: Elaborado pelo autor

Figura 152 - Detalhe 5

Fonte: Elaborado pelo autor

Figura 153 - Volumetria 1

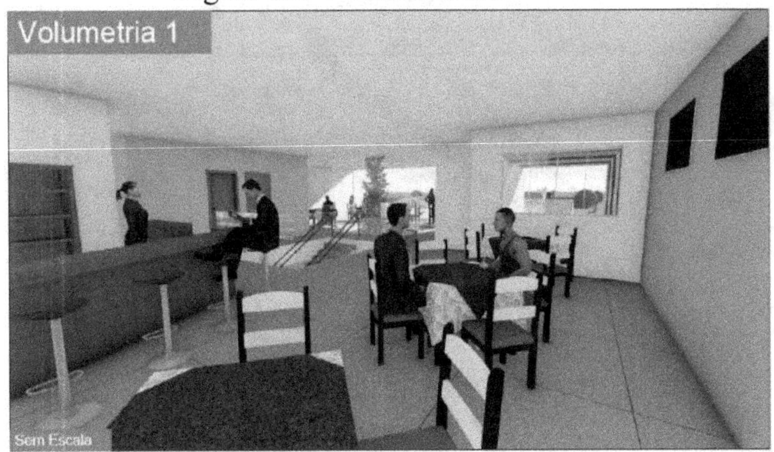

Fonte: Elaborado pelo autor

Figura 154 - Volumetria 2

Fonte: Elaborado pelo autor

Figura 155 - Volumetria 3

Fonte: Elaborado pelo autor

Figura 156 - Volumetria 4

Fonte: Elaborado pelo autor

Figura 157 - Volumetria 5

Fonte: Elaborado pelo autor

Figura 158 - Volumetria 6

Fonte: Elaborado pelo autor

Figura 159 - Volumetria 7

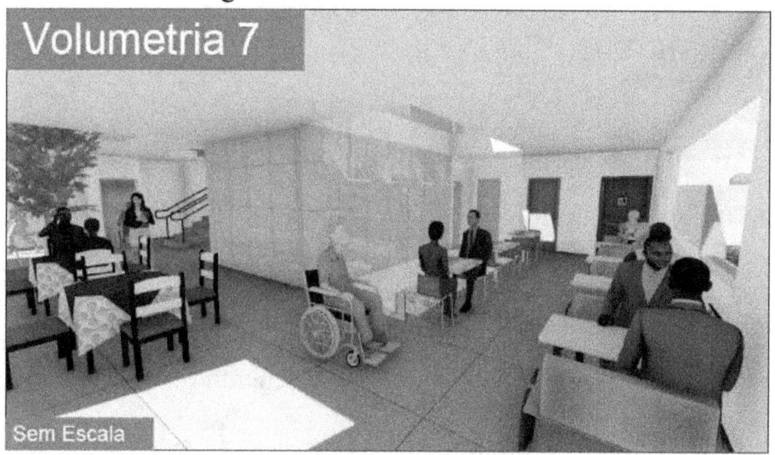

Fonte: Elaborado pelo autor

Figura 160 – Volumetria 8

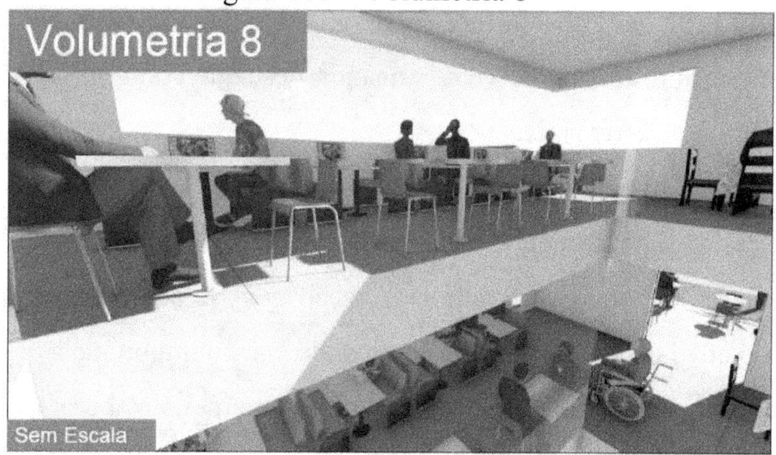

Fonte: Elaborado pelo autor

8   CONSIDERAÇÕES FINAIS

Ao avaliar os aspectos demonstrados ao longo do trabalho vigente, pode-se compreender a relevância do restaurante para a sociedade, que surge como forma do ser humano alimentar-se sem a necessidade de fazer a própria comida, sendo suficiente somente o pagamento do serviço realizado para um grupo, qual organizará e realizará todo os procedimentos necessário. E com a evolução dos restaurantes, o sentido da alimentação foi sofrendo modificações ao decorrer dos séculos, já que inicialmente focalizava somente em "saciar a fome", mas ultimamente vem ganhando destaque como uma importante forma de lazer.

Nas últimas décadas, foi possível ver as grandes mudanças no setor alimentício e as necessidades que um projeto de restaurante deve levar em consideração para se adaptar ao mercado atual mais exigente. Assim ficando claro a importância do planejamento correto de um restaurante, que deve elaborar um conjunto arquitetônico eficaz, e que realiza a conexão ideal dos ambientes entre si, além de ficar atento as tecnologias, tendências e estudos disponíveis no contemporâneo. E entendendo que um descuido no planejamento de um restaurante, pode leva-lo ao fracasso.

Por meio da visita técnica e estudo de obras correlatas realizadas no trabalho, foi possível analisar a fundo a complexidade de um Restaurante, podendo assim notar a grande variedade de equipamentos e treinamentos necessários para estar de acordo com o padrão de qualidade exigido pelos clientes e entendendo de perto a importância do planejamento e boa distribuição dos ambientes, assim como também percebendo os feitos negativos de não seguir esse comportamento.

E através desse projeto, foi possível analisar os diferentes tipos de restaurantes, todos seus ambientes necessários, e estudos complementares que ajudaram a criar um projeto de restaurante eficaz, assim envolvendo muitos assuntos que precisam ser conhecidos por um arquiteto, para poder projetar um restaurante de acordo com o cliente real que utilizará o ambiente, e ajudar de fato o empreendedor a projetar seu restaurante de acordo com as possibilidades e combinações que a área estudada necessita, tudo isso antes mesmo de iniciar as atividades do estabelecimento ou contratar o pessoal.

9   REFERÊNCIAS BIBLIOGRÁFICAS

ABRAFORDES. Operador de Caixa. **cursosabrafordes**,
[2018?]. Disponivel em:
<http://cursosabrafordes.com.br/curso-operador-de-caixa>.
Acesso em: 31 Mar. 2018.

ABRAVIDRO. Vidro traz curiosidade e amplitude a
restaurante em Brasília. **abravidro**, 2017. Disponivel em:
<http://abravidro.org.br/blog/vidro-traz-curiosidade-e-
amplitude-restaurante-em-brasilia/>. Acesso em: 1 Abr. 2018.

ALTERNATIVA. Carrinho Container de Lixo 240Lt's -
Conjunto Coleta Seletiva. **loja.carrinholimpeza**, [2018?].
Disponivel em:
<https://loja.carrinholimpeza.com.br/image/cache/data/CARRI
NHOS/GARI-

ARAVENA, A. Discurso de Alejandro Aravena no Prêmio
Pritzker 2016. **archdaily**, 2016. Disponivel em:
<https://www.archdaily.com.br/br/786280/discurso-de-
alejandro-aravena-no-premio-pritzker-2016>. Acesso em:
29/03/2018 Mar. 2018.

ARAVENA, A. Frases: Alejandro Aravena e os custos da
arquitetura. **archdaily**, 2016. Disponivel em:
<https://www.archdaily.com.br/br/783954/frases-alejandro-
aravena-e-os-custos-da-arquitetura>. Acesso em: 15 Mar. 2018.

ARCHDAILY. McDonald's em Coolsingel / mei architects and
planners. **Archdaily**, 2015. Disponivel em:

<https://www.archdaily.com.br/br/776326/mcdonalds-em-coolsingel-mei-architects-and-planners>. Acesso em: 2 Abr. 2018.

ARCHDAILY. Restaurante NAU / Sandra Moura. **Archdaily**, 2015. Disponivel em: <https://www.archdaily.com.br/br/761153/restaurante-nau-sandra-moura>. Acesso em: 1 Abr. 2018.

ARCHDAILY. Restaurante Noah / Mooca Arquitetos Associados. **Archdaily**, 2017. Disponivel em: <https://www.archdaily.com.br/br/874492/restaurante-noah-mooca-arquitetos-associados>. Acesso em: 1 Abr. 2018.

BRASIL. RESTAURANTES POPULARES ROTEIRO DE IMPLANTAÇÃO 2007. **Nutricaoemfoco**, 2007. Disponivel em: <http://www.nutricaoemfoco.com.br/NetManager/documentos/restaurante_populares.pdf>. Acesso em: 31 Mar. 2018.

BRITO, P. Empório Gularejo, Santo André. **restaunox**, 2017. Disponivel em: <http://www.restaunox.com.br/2017/09/emporio-gularejo-santo-andre.html>. Acesso em: 31 Mar. 2018.

CALUMBY, F. Administração de Bares e Restaurantes. **SisAcad - Sistema Acadêmico da Educação a Distância**, 2014. Disponivel em: <https://sisacad.educacao.pe.gov.br/bibliotecavirtual/bibliotecavirtual/texto/CadernoABAdministraodeBareseRestaurantesRDDI.pdf>. Acesso em: 14 Mar. 2018.
CATRAL. Fogão industrial Venâncio 6 Bocas com Forno

Linha Bravo BR6BF. **catral**, [2018?]. Disponivel em: <https://www.catral.com.br/fogao-industrial-venancio-6-bocas-com-forno-linha-bravo-br6bf/p>. Acesso em: 10 Abr. 2018.

COIN, S. Uma definição de arquitetura. **archdaily**, 2013. Disponivel em: <https://www.archdaily.com.br/br/01-108918/uma-definicao-de-arquitetura-slash-silvio-colin>. Acesso em: 12 Mar. 2018.

CONDUZIR CONSULTORIA. 10 perguntas sobre higienização do ambiente. **conduzirconsultoria**, 2017. Disponivel em: <https://conduzirconsultoria.wordpress.com/2017/05/17/10-perguntas-sobre-higienizacao-do-ambiente/>. Acesso em: 10 Abr. 2018.

CRUZ, M. Restaurante de Curitiba premia quem não usa o telefone celular. **portal-foodjobs**, 2017. Disponivel em: <https://portal-foodjobs.curriculum.com.br/noticias/restaurante-de-curitiba-premia-quem-nao-usa-o-telefone-celular/>. Acesso em: 22 Mar. 2018.

CURTA MAIS. 4 dicas para quem quer investir no ramo da gastronomia. **curtamais**, 2016. Disponivel em: <http://www.curtamais.com.br/goiania/4-dicas-para-quem-quer-investir-no-ramo-da-gastronomia>. Acesso em: 22 Mar. 20.

DALBONI, P. Noite na Taverna e os universos de cada um. **Notaterapia**, 2017. Disponivel em: <http://notaterapia.com.br/2017/08/08/noite-na-taverna-e-os-

universos-de-cada-um/>. Acesso em: 15 Mar. 2018.

DIAS, C. M. M. Marcos da Hospitalidade na Cidade de São Paulo entre Fins do Século XIX e Fins do XX. **USC**, 2006. Disponivel em: <https://www.ucs.br/ucs/tplSemMenus/eventos/seminarios_se mintur/semin_tur_4/arquivos_4_seminario/GT02-10.pdf>. Acesso em: 20 mar. 2018.

DINO. Segundo pesquisa, 34% dos brasileiros gastam com alimentação fora do lar. **Exame**, 2017. Disponivel em: <https://exame.abril.com.br/negocios/dino/segundo-pesquisa-34-dos-brasileiros-gastam-com-alimentacao-fora-do-lar-shtml/>. Acesso em: 13 Mar. 2018.

DINO. RESTAURANTES DO SÉCULO XXI UTILIZAM A TECNOLOGIA PARA CONQUISTAR CLIENTES E SE MANTEREM COMPETITIVOS NO MERCADO. **Dino**, 2018. Disponivel em: <http://app.dino.com.br/releases/restaurantes-do-seculo-xxi--utilizam-a-tecnologia-para-conquistar-clientes--e-se-manterem-competitivos-no-mercado-dino890160671131>. Acesso em: 22 Mar. 2018.

ESTACIONAMENTO exclusivo - Foto de Restaurante SUBWAY. **tripadvisor**, 2017. Disponivel em: <https://www.tripadvisor.com.br/LocationPhotoDirectLink-g658210-d10189305-i241386324-Subway-Maringa_State_of_Parana.html>. Acesso em: 15 Abr. 2018.

EXTRA. Giraffas abre 150 vagas de emprego no Rio de Janeiro e em Itaboraí. **extra.globo**, 2014. Disponivel em:

<https://extra.globo.com/emprego/giraffas-abre-150-vagas-de-emprego-no-rio-de-janeiro-em-itaborai-13324451.html>. Acesso em: 31 Mar. 2018.

G1 PR. Visita guiada vai contar a história de bares e restaurantes tradicionais. **g1.globo**, 2016. Disponivel em: <http://g1.globo.com/pr/parana/noticia/2016/05/visita-guiada-vai-contar-historia-de-bares-e-restaurantes-tradicionais.html>. Acesso em: 15 Mar. 2018.

GABINETE DE TURISMO. RESTAURANTE TIPICO "a Mina". **douroalliance**, [2018?]. Disponivel em: <http://www.douroalliance.org/gabineteturismo//index.php?cat=65&item=2909>. Acesso em: 31 Mar. 2018.

GALE, R. Ye Olde Mitre Tavern, London. **travelswithbeer**, 2010. Disponivel em: <http://www.travelswithbeer.com/2010/04/28/ye-olde-mitre-london/>. Acesso em: 15 Mar. 2018.

GENERAL - Picture of Restaurante La Taberna del Vijero. **tripadvisor**, 2018. Disponivel em: <https://www.tripadvisor.co.uk/LocationPhotoDirectLink-g311310-d2045163-i49691848-Restaurante_La_Taberna_del_Vijero-Avila_Province_of_Avila_Castile_and_Leo.html>. Acesso em: 31 Mar. 2018.

GHOBRIL, A. ; BENEDETTI, M. H.; FRAGOSO, N. D. Práticas Inovadoras no Setor de Bares, Restaurante e Lanchonetes. **Egepe**, 2014. Disponivel em: <http://www.egepe.org.br/anais/tema01/325.pdf>. Acesso em:

14 Mar. 2018.

GRECO, R. M. ADMINISTRAÇÃO – origem e conceitos1. **Ufjf**. Disponivel em: <http://www.ufjf.br/admenf/files/2013/05/Aula-Disciplina-Administra%C3%A7%C3%A3o-em-Enfermagem-I-ADMINISTRA%C3%87%C3%83O-%E2%80%93-origem-e-conceitos.pdf>. Acesso em: 31 Mar. 2018.

HS UNIFRIO. Camara fria ,camaras frigorificas. **hsunifrio**, [2018?]. Disponivel em: <http://www.hsunifrio.com.br/?sessao=noticias_in&idNoticia=15>. Acesso em: 2 Abr. 2018.

IMPLANTAÇÃO Nau. **arcowebarquivos**, [201-]. Disponivel em: <https://arcowebarquivos-us.s3.amazonaws.com/imagens/75/46/arq_57546.jpg>. Acesso em: 1 Abr. 2018.

INDUSFRIO. Mesa com Tampo em inox. **indusfrio**, [2018?]. Disponivel em: <http://indusfrio.com.br/produto/88/mesa-com-tampo-em-inox>. Acesso em: 10 abr. 2018.

INFONOVA. A importância de se ter um departamento administrativo bem estruturado. **Infonova**, 2017. Disponivel em: <https://www.infonova.com.br/artigo/a-importancia-de-se-ter-um-departamento-administrativo-bem-estruturado/>. Acesso em: 31 Mar. 2018.

JORNAL DEBATE. Em 5 décadas, S. Cruz experimentou decadência. **uol**, 201? Disponivel em: <http://www2.uol.com.br/debate/1450/cidade/cidade03.htm>.

Acesso em: 18 Abr. 2018.

JÚNIOR, O. Sandra Moura - Restaurante Mangai - Brasília. **2.bp.blogspot**, 2008. Disponivel em: <http://arqpb.blogspot.com.br/2008/11/sandra-moura.html>. Acesso em: 1 Abr. 2018.

KELPPER. Book Projetos. **blogspot**, [201-?]. Disponivel em: <http://kelpper.blogspot.com.br/p/blog-page_6.html>. Acesso em: 1 Abr. 2018.

LEITE, F. B. T. O que é e como ter um restaurante sustentável. **wesco**, [2015?]. Disponivel em: <http://wesco.com.br/o-que-e-e-como-ter-um-restaurante-sustentavel/>. Acesso em: 20 Março 2018.

L'Ô RESTAURANTE. O L'Ô Restaurante, tradição de mais de 9 anos de alta gastronomia. **lorestaurante**, [2018?]. Disponivel em: <http://lorestaurante.com.br/restaurante/>. Acesso em: 31 Mar. 2018.

LUPULOLEDE-1.0.0. **bomdia**, 2015. Disponivel em: <http://bomdia.lu/cervejaria-portuguesa-em-nova-iorque-conquista-critica/20150424-lupulolede-1-0-0/>. Acesso em: 31 Mar. 2018.

MARICATO, P. **Como montar e administrar bares e restaurantes**. 9ª. ed. São Paulo: Editora Senac São Paulo, 2010.

MARQUEZ, A. Referências marinhas. **Galeria da arquitetura**. Disponivel em: <https://www.galeriadaarquitetura.com.br/projeto/sandra-

moura-arquitetura_/restaurante-nau/1731>. Acesso em: 1 Abr. 2018.

MARROQUIN, J. C. Novo consumidor: mais informado, mais exigente, mais consciente. **Folha de S.Paulo**, 2014. Disponivel em: <http://www1.folha.uol.com.br/topofmind/2014/10/1528719-novo-consumidor-mais-informado-mais-exigente-mais-consciente.shtml>. Acesso em: 20 Mar. 2018.

MATTOS, P. Solo Cozinha & Bar. **leblog**, 2017. Disponivel em: <http://www.leblog.com.br/2017/02/solo-cozinha-bar/>. Acesso em: 31 Mar 2018.

MATUZAKI, T. Duas fachadas, diferentes entradas. **Galeriadaarquitetura**, [2017?]. Disponivel em: <https://www.galeriadaarquitetura.com.br/projeto/mooca-arquitetos-associados_/restaurante-noah/4128>. Acesso em: 2 Abr. 2018.

MCDONALD'S DE COOLSINGEL. **mcdonalds**, [201-]. Disponivel em: <https://www.mcdonalds.nl/sites/default/files/foto_mcdonalds_rotterdam_coolsingel_44_1.jpg>. Acesso em: 2 Abr. 2018.

MEI. McDonald's Coolsingel 44. **MEI**, [2017?]. Disponivel em: <http://mei-arch.eu/en/project-archive/mcdonalds-coolsingel-44/>. Acesso em: 2 Abr. 2018.

MELENDEZ, A. Sandra Moura: Restaurante Nau, Brasília. NAU DE CONCRETO E AÇO JUNTO AO LAGO. **Arcoweb**, [201-]. Disponivel em:

<https://www.arcoweb.com.br/projetodesign/arquitetura/sandra
-moura-restaurante-nau-brasilia>. Acesso em: 1 Abr. 2018.

MOJOLLA, R. et al. CONFORTO ACÚSTICO EM UM
RESTAURANTE UNIVERSITÁRIO. **infohab**, 2013.
Disponivel em:
<http://www.infohab.org.br/encac/files/2013/topico1artigo17.p
df>. Acesso em: 30 Abr. 2018.

MOURA, C. Os snack-bars mais modernos de Lisboa nos anos
50 e 60. **timeout**, 2017. Disponivel em:
<https://www.timeout.pt/lisboa/pt/arte/os-snack-bars-mais-
modernos-de-lisboa-nos-anos-50-e-60>. Acesso em: 31 Mar.
2018.

NALIN. Maccon Série 700. **nalinequipamentos**, [2018?].
Disponivel em:
<http://www.nalinequipamentos.com.br/produto/macom_serie-
700_1-jpg/>. Acesso em: 10 Abr. 2018.
NEGRÃO, R. F. Por que as empresas fracassam? **Blog Sebrae**,
2014. Disponivel em:
<http://blog.pr.sebrae.com.br/empreendedorismo/por-que-as-
empresas-fracassam>. Acesso em: 15 Mar. 2018.

PARANAGUÁ, M. M. D. M. Food Service: A Importância da
Atuação do Nutricionista. **Nutricaoempauta**. Disponivel em:
<http://www.nutricaoempauta.com.br/lista_artigo.php?cod=37
7>. Acesso em: 31 Mar 2018.

PERFECTA. Forno Combinado Industrial | Modelos para
locais pequenos. **perfecta.itwfeg**, [2018?]. Disponivel em:
<http://perfecta.itwfeg.com.br/blog/forno-combinado-

industrial-locais-pequenos/p/>. Acesso em: 10 Abr. 2018.

PINHEIRÃO COZINHAS. Caldeirão gás vapor.
pinheiraocozinhas, [2018?]. Disponivel em:
<http://www.pinheiraocozinhas.com.br/caldeirao-gas-vapor>.
Acesso em: 10 Abr. 2018.

PREFEITURA DE CURITIBA. Exposição retrata história de
bares e restaurantes tradicionais de Curitiba. **curitiba**, 2016.
Disponivel em:
<http://www.curitiba.pr.gov.br/noticias/exposicao-retrata-
historia-de-bares-e-restaurantes-tradicionais-de-
curitiba/38869>. Acesso em: 15 Mar. 2018.

PREFEITURA DE SANTA CRUZ DO RIO PARDO.
Histórico da Cidade. **Santa Cruz do Rio Pardo**, [2018?].
Disponivel em:
<http://santacruzdoriopardo.sp.gov.br/historico-da-cidade>.
Acesso em: 18 Abr. 2018.

PREFEITURA DE SANTA CRUZ DO RIO PARDO. **Santa
Cruz do Riopardo**, 2018. Disponivel em:
<http://santacruzdoriopardo.sp.gov.br/perfil-socio-economico>.
Acesso em: 28 Abr. 2018.

PREFEITURA DE SANTA CRUZ DO RIO PARDO. Perfil
Sócio Econômico. **Santa cruz do Rio Pardo**, 2018. Disponivel
em: <http://santacruzdoriopardo.sp.gov.br/perfil-socio-
economico>. Acesso em: 28 Abr. 2018.

PROGRAMA CONSUMER. Restaurantes na China estão
substituindo garçons com robôs. **programaconsumer**, [2016?].

Disponivel em:
<http://www.programaconsumer.com.br/blog/restaurantes-na-china-estao-substituindo-garcons-com-robos/>. Acesso em: 15 Abr. 2018.

ROYALHOTEIS. Hotel. **royalhoteis**, [2018?]. Disponivel em: <http://www.royalhoteis.com.br/royalcenterexpress/hotel-overview.html>. Acesso em: 31 Mar. 2018.

SANTOS, A. G. A influência da atmosfera das lojas de joias na decisão de compra. **Revista On-Line IPOG ESPECIALIZE**, 2014. Disponivel em: <file:///C:/Users/Usuario/Downloads/a-influencia-da-atmosfera-das-lojas-de-joias-na-decisao-de-compra-do-consumidor-516509.pdf>. Acesso em: 15 Mar. 2018.

SILVA FILHO, A. R. A. **Manual Básico para Planejamento e Projeto de Restaurantes e Cozinhas Industriais**. 1ª. ed. São Paulo: Livraria Varela, 1996.

SILVA, S. H. O surgimento dos Restaurantes na cidade de São Paulo: 1856 - 1869. **ECA USP**, 2008. Disponivel em: <http://www.eca.usp.br/turismocultural/Retc04_arquivos/Siwla Helena_RestaurantesSPsecXIX.pdf>. Acesso em: 14 Mar. 2018.

SISTER, M. C. TAG: ATENDIMENTO AO CLIENTE. **marciacalderon**, 2016. Disponivel em: <https://marciacalderon.com.br/tag/atendimento-ao-cliente/>. Acesso em: 15 Abr. 2018.

SOLUCÕES INDUSTRIAIS. Fritadeira Elétrica Industrial

Preço. **solucoesindustriais**, [2018?]. Disponivel em:
<http://www.solucoesindustriais.com.br/empresa/instalacoes_e
_equipamento_industrial/imperial-
brasil/produtos/alimenticios/fritadeira-eletrica-industrial-
preco>. Acesso em: 10 Abr. 2018.

SOMAVILLA, G. P. Orientações técnicas, legais e normativas
para projetos de espaços destinados a serviços de alimentação
coletiva. **Revista de Arquitetura da IMED**, 2013. ISSN
Orientações técnicas, legais e normativas para projetos de
espaços. Disponivel em:
<https://seer.imed.edu.br/index.php/arqimed/article/view/438/4
24>. Acesso em: 31 Mar. 2018.

TAXCO. Taxco Mexican Grill Mint Hill. **facebook**, 2017.
Disponivel em:
<https://www.facebook.com/1427986227245580/photos/rpp.14
27986227245580/1433272493383620/?type=3&theater>.
Acesso em: 31 Mar. 2018.

TECNOLOGIA LIMPA. Limpeza e Sanitização na Indústria
de Alimentos. **Quiminac**. Disponivel em:
<http://www.quiminac.com.br/site/limpeza-e-sanitizacao-na-
industria-de-alimentos/>. Acesso em: 31 Mar. 2018.

TECTERMICA. CÂMARA FRIGORIFICA PARA LIXO.
tectermica, [2018?]. Disponivel em:
<http://www.tectermica.com.br/mini-camara-frigorifica.html>.
Acesso em: 15 Abr. 2018.

TEIXEIRA, S. M. F. G. **Administração Aplicada Às
Unidades de Alimentação e Nutrição**. São Paulo: Atheneu,

2003. 219 p.

TIPICO restaurante cantina italiano. **tripadvisor**, [2016?].
Disponivel em:
<https://www.tripadvisor.com/LocationPhotoDirectLink-
g34515-d1015578-i224943860-Buca_di_Beppo-
Orlando_Florida.html>. Acesso em: 15 Abr. 2018.

TOLEDO, G. A IMPORTÂNCIA DA LIGAÇÃO
MARKETING – ARQUITETURA. **Urbiarquitetura**.
Disponivel em: <http://urbiarquitetura.com.br/a-importancia-
da-ligacao-marketing-arquitetura/>. Acesso em: 14 Mar. 2018.

UOL. De cada dez empresas, seis fecham antes de completar 5
anos, aponta IBGE. **UOL**, 2016. Disponivel em:
<https://economia.uol.com.br/empreendedorismo/noticias/reda
cao/2016/09/14/de-cada-dez-empresas-seis-fecham-antes-de-
completar-5-anos-aponta-ibge.htm>. Acesso em: 15 Mar. 2018.

VENTISILVA. Sistema de Exaustão para Cozinhas Industriais.
exaustoresventisilva, 2013. Disponivel em:
<http://www.exaustoresventisilva.com.br/?p=689>. Acesso
em: 15 Abr. 2018.

VISTA interna - Foto de Restaurante Churrascaria E Pizzaria
Fazenda Mineira. **tripadvisor**, 2016. Disponivel em:
<https://www.tripadvisor.com.br/LocationPhotoDirectLink-
g303374-d4524633-i137402572-Fazenda_Mineira-
Belo_Horizonte_State_of_Minas_Gerais.html>. Acesso em: 31
Mar. 2018.

WELT. Deutsche Filialen vermiesen Burger Kings Jubiläum.

welt, 2014. Disponivel em:
<https://www.welt.de/wirtschaft/article134980130/Deutsche-
Filialen-vermiesen-Burger-Kings-Jubilaeum.html>. Acesso
em: 16 Mar. 2018.

YE OLDE MITRE. **hg2**, [2015?]. Disponivel em:
<http://hg2.com/venue/ye-olde-mitre/>. Acesso em: 15 Mar.
2018.

ZONA de Armazenagem. **portaldolicenciamento**, [21--].
Disponivel em:
<http://www.portaldolicenciamento.com/condicoes-de-
instalacao/zona-de-armazenagem.html>. Acesso em: 31 Mar.
2018.

ZUINI, P. Vire sócio do Outback com R$ 60 mil. **exame.abril**,
2011. Disponivel em: <https://exame.abril.com.br/pme/vire-
socio-do-outback-com-r-60-mil/>. Acesso em: 31 Mar. 2018.

10 ANEXOS

1/6 - CONCEITO E VOLUMETRIA

2/6 - ANÁLISE E ENTORNO

3/6 - IMPLANTAÇÃO, PLANTAS, PROGRAMA DE
NECESSIDADES E ILUSTRAÇÕES

4/6 - PLANTAS E ILUSTRAÇÕES

5/6 - CORTES

6/6 – ELEVAÇÕES E DETALHES

FOLHA TFG 1.pdf   FOLHA TFG 2.pdf   FOLHA TFG 3.pdf

FOLHA TFG 4.pdf   FOLHA TFG 5.pdf   FOLHA TFG 6.pdf

Conheça meu Canal no Youtube (SE INSCREVA)

https://www.youtube.com/c/WilliansScarpin

www.ingramcontent.com/pod-product-compliance
Lightning Source LLC
Chambersburg PA
CBHW070854160726
48004CB00003B/1083